中国人民银行

金融服务报告2017年第1期

中国农村金融服务报告

China Rural Finance Service Report

2016

中国人民银行农村金融服务研究小组

责任编辑：李　融
责任校对：刘　明
责任印制：裴　刚

图书在版编目（CIP）数据

中国农村金融服务报告. 2016（Zhongguo Nongcun Jinrong Fuwu Baogao. 2016）/中国人民银行农村金融服务研究小组编. —北京：中国金融出版社，2017.6
（中国人民银行金融服务报告. 2017年第1期）
ISBN 978 - 7 - 5049 - 9036 - 5

Ⅰ. ①中…　Ⅱ. ①中…　Ⅲ. ①农村金融—商业服务—研究报告—中国—2016　Ⅳ. ①F832.35

中国版本图书馆CIP数据核字（2017）第117610号

出版发行　中国金融出版社
社址　北京市丰台区益泽路2号
市场开发部　（010）63266347，63805472，63439533（传真）
网上书店　http://www.chinafph.com
（010）63286832，63365686（传真）
读者服务部　（010）66070833，62568380
邮编　100071
经销　新华书店
印刷　北京侨友印刷有限公司
装订　平阳装订厂
尺寸　210毫米×285毫米
印张　7.75
字数　136千
版次　2017年6月第1版
印次　2017年6月第1次印刷
定价　70.00元
ISBN 978 - 7 - 5049 - 9036 - 5

《中国农村金融服务报告2016》

编 写 组

主　　　编： 徐　忠　陆　磊

编写组成员： 纪　敏　雷　曜　祝红梅　赵天奕　黄余送　王亮亮　张文婷

提 供 材 料： 中国人民银行货币政策司、金融市场司、金融稳定局、调查统计司、支付结算司、货币金银局、征信管理局、金融消费者保护局、征信中心，国务院扶贫办，财政部，农业部，中国银监会，中国证监会，中国保监会，国家开发银行，中国农业发展银行，中国农业银行，中国邮政储蓄银行，中国银行间市场交易商协会

序

党中央、国务院高度重视发挥金融在服务“三农”中的核心作用，始终把深化农村金融改革、健全政策支持体系、推动金融创新作为主攻方向。以2003年深化农村信用社改革为起点，经过多年的改革创新和政策支持，农村金融体系不断健全，基础设施和生态环境明显改善，服务覆盖面不断扩大，可持续发展能力显著增强，为促进“三农”持续发展和农民收入稳定增长作出了重要贡献。自2007年创立涉农贷款统计以来，全部金融机构涉农贷款余额累计增长361.7%，九年间平均年增速为18.8%。涉农贷款余额从2007年末的6.1万亿元增加至2016年末的28.2万亿元，占各项贷款的比重从22%提高至26.5%。债券股票等直接融资也有较快发展，农产品期货市场从无到有，功能逐渐显现。2007年至2016年，我国农业保险保费收入从51.8亿元增长到417.1亿元，参保农户从4 981万户次增长到2.04亿户次，承保农作物从2.3亿亩增加到17.2亿亩，分别增长了7.1倍、3.1倍和6.5倍。

近年来，人民银行和有关部门认真贯彻落实党的十八大和十八届三中、四中、五中、六中全会精神，按照中央一号文件和《国务院办公厅关于金融支持“三农”发展的若干意见》的部署，以服务和推进农业现代化和供给侧结构性改革为目标，加快推进相关改革，不断完善扶持政策，积极引导金融机构加大创新力度，扎实推进农村金融基础设施建设，农村金融服务的广度和深度显著提升，整体水平再上新台阶，为促进农民收入较快增长发挥了重要作用。回顾其中的改革措施和创新实践，主要包括：

在扶持政策方面，继续完善差异化的货币信贷政策。对主要涉农机构执行优惠的存款准备金率，适时适度下调支农、支小再贷款利率，创新并开展信贷资产质押再贷款、金融扶贫再贷款，结合宏观审慎评估（MPA）考核体系，不断增强金融机构加大支农力度的内生动力。截至2016年末，全国支农、支小再贷款余额分别为2 089亿元、537亿元，向国家开发银行、中国农业发展银行、中国进出口银行提供抵押补充贷款20 526亿元。在财税支持政策方面，积极加大支持和整合力度，按照“大专项+工作清单”的模式，设立普惠金融发展专项资金，统筹使用各类金融支持“三农”的财税奖励资金。

在农村金融改革方面，中央深化改革领导小组通过《深化农村改革综合性实施方案》，明确了农村金融的改革目标。农业银行“‘三农’金融事业部”改革试点推广到全国，中国邮政储蓄银行成立“‘三农’金融事业部”开展改革试点。国家开发银行深化改革方案获国务院批复，明确了开发性金融机构的功能定位。中国农业发展银行改革完成注资。农村信用社、村镇银行、小贷公司等新型农村金融组织的改革不断深化。

在推动产品和服务创新方面，涉农担保品范围明显拓展，“两权”抵押贷款试点稳妥有序推进，信贷、担保、证券、期货、保险等领域之间的协同创新不断涌现。截至2016年末，232个农地抵押贷款试点县贷款余额140亿元。59个农房抵押贷款试点县贷款余额126亿元。金融机构针对农业适度规模经营、水利、新型城镇化、绿色生态等重点领域探索开发大型农机具、预期收益权、林权等抵押贷款业务和供应链融资服务。保险机构开发推出几百个地方特色优势农产品保险产品，已有31个省（市）启动或制订了价格保险试点方案，试点品种达到50多个。

在金融扶贫方面，突出了政策的精准性和有效性。创设扶贫再贷款，实行比支农再贷款更为优惠的利率，截至2016年末，全国扶贫再贷款余额1 127亿元。国家开发银行和中国农业发展银行设立“扶贫金融事业部”。金融机构积极落实各项扶贫政策措施，探索创新多种金融扶贫方式方法。截至2016年末，全国精准扶贫贷款余额24 878亿元，同比增长49%。

在推动普惠金融发展方面，按照国务院印发的《推进普惠金融发展规划（2016—2020年）》，人民银行等部门提出一系列政策措施和保障手段，不断提升金融服务可得性、覆盖率和满意度。选择河南省兰考县等地区开展普惠金融建设试点。鼓励传统金融机构和新兴互联网金融服务商积极利用互联网等现代科技手段，数字技术使用水平进一步提升，网上支付、移动支付使用率快速增长，助农取款服务点行政村覆盖率已超过90%，银行网点密度等基础金融服务指标已达到国际中上游水平。金融消费纠纷解决机制不断健全，金融消费者素养明显提升。在中国的倡议和推动下，G20杭州峰会通过了《G20数字普惠金融高级原则》《G20普惠金融指标体系》升级版以及《G20中小企业融资行动计划落实框架》等多项普惠金融成果。

在农村金融基础设施建设方面，全国农业信贷担保体系建设顺利起步，农村信用和支付体系建设助力精准扶贫和普惠金融发展。截至2016年末，全国累计为1.72亿农户建立信用档案，已有近9 248万农户获得银行贷款，贷款余额2.7万亿元。农村地区基本实现家家有账户、补贴能到户。

同时也要看到，我国农村金融发展无论是在覆盖面还是在深度上，都还有很大的提升空间。特别是对照农业供给侧结构性改革的要求，还有较大差距。下一步，农村金融的改革创新，要按照习近平总书记系列重要讲话特别是在安徽小岗村有关农业农村工作讲话的指示精神，落实中央经济工作会议和中央农村工作会议的要求，牢牢把握“金融服务实体经济”这一根本宗旨，坚持市场化发展和政策支持有机结合的基本取向，以提升农村金融服务水平为主攻方向，以深化农村金融改革为根本途径，加快健全开放包容、适度竞争、鼓励创新、风险可控的农村金融体系，更好地服务于农业供给侧结构性改革和新型城镇化建设。

一是继续按照放宽准入、深化改革、健全风险防控机制的原则，促进农村金融适度竞争。加快农村信用社特别是省联社改革，提升农村信用社综合服务水平，加快出台《非存款类放贷组织条例》，大力推动农村数字普惠金融发展，在适度竞争中增加农村金融供给。

二是在有效防范金融风险的前提下，鼓励围绕提升农业供给质量的金融创新活动。健全各类产权要素平台，扎实推进农村信用体系、支付体系等金融基础设施建设；以搭建农村电商服务平台为抓手，大力发展供应链金融创新；强化对规模经营、绿色农业、乡村休闲旅游等新产业、新业态的支持；创新农田水利等基础设施的中长期投融资机制。

三是完善扶持政策体系，推动政策实施方式由选择性向功能性逐渐转型。综合考虑地区差异、金融风险以及健全金融市场等多种因素，优化、细化正向激励措施，提升政策扶持的精准度。增加普适性、功能性、竞争性政策支持，加速转向“奖优奖业务”。

四是完善统计考核和绩效评价。一方面要解决统计范围过宽、缺乏与农业生产经营直接相关的贷款数据等问题；另一方面要通过明确与现代农业、新型城镇化、农民职业化等发展相适应的“农业”、“农村”、“农民”新概念，更好地反映农业农村经济社会结构的重大变化，发挥好统计指标的考核和导向作用。

五是完善农村金融生态环境，着力防控农村金融风险。推动农业保险扩面、增品、提标，健全多种形式的融资担保体系，完善农业灾害风险转移分摊机制。更多地利用互联网等电子信息平台，向现代农业经营主体提供多种信息服务，帮助其实现有效的资金配置和风险管理。坚决打击各种非法集资和各类违法金融活动，加强金融知识宣传普及，切实保护消费者合法权益。

《中国农村金融服务报告》自2008年首次出版以来，每两年出版一次，以其权威性、资料性、实用性得到了各方面的大力支持和欢迎。相信本次报告的出版，能够继续为宣传解释农村金融支持政策、总结和引导农村金融服务创新发挥积极作用。希望有关部门和各类金融机构紧紧围绕金融服务实体经济的本质要求，齐心协力，改革创新，为提升农业供给质量、促进农民收入持续稳定增长发挥更大作用。

中国人民银行副行长

陈雨露

2017年3月

目　录

第一部分　中国农村金融服务基本情况

第二部分　农村金融扶持政策体系

第三部分　农村金融重要改革

第四部分　农村金融产品服务创新

第五部分　金融扶贫政策与成效

第六部分　普惠金融最新进展

第七部分　农村金融基础设施建设

第八部分　农村金融主要问题与进一步发展思路

图表目录

第一部分
中国农村金融服务基本情况

- 金融机构涉农贷款持续增长
- 农村金融体系逐步完善，基础金融服务水平不断提高
- 农村金融机构改革深化，为农服务能力进一步提升
- 农村金融产品和服务创新点多面广，突出对重点领域和薄弱环节支持
- 直接融资环境进一步改善，涉农融资更趋多元化
- 农业保险创新加快，风险保障能力不断提高
- 加大政策支持，金融助推脱贫攻坚效果显现
- 农村金融基础设施建设持续推进，普惠金融发展基础不断夯实
- 加大支持力度，农村金融激励扶持政策不断完善

一、金融机构涉农贷款持续增长

近年来，在多个部门政策支持和广大金融机构的共同努力下，“三农”信贷投入稳定增长，金融支持“三农”发展的力度持续加大。截至2016年末，全部金融机构本外币农村（县及县以下）贷款余额23.0万亿元，同比增长6.5%，占各项贷款余额的比重为21.6%，较2007年末增长356.8%，九年间平均年增速为18.7%；农户贷款余额7.1万亿元，同比增长15.2%，占各项贷款余额的比重为8.0%，较2007年末增长428.7%，九年间平均年增速为20.4%；农林牧渔业贷款余额3.7万亿元，同比增长4.2%，占各项贷款余额的比重为3.4%，较2007年末增长143.3%，九年间平均年增速为10.7%；全口径涉农贷款余额28.2万亿元，同比增长7.1%，占各项贷款余额的比重为26.5%，较2007年末增长361.7%，九年间平均年增速为18.8%（见表1.1至表1.4）。

表1.1　2007年以来“三农”贷款统计情况

单位：亿元、%

时期	农村贷款					农业贷款					农户贷款					全口径涉农贷款				
	余额		比年初增量		余额同比增长	余额		比年初增量		余额同比增长	余额		比年初增量		余额同比增长	余额		比年初增量		余额同比增长
	本期数	占各项贷款	本期数	占各项贷款		本期数	占各项贷款	本期数	占各项贷款		本期数	占各项贷款	本期数	占各项贷款		本期数	占各项贷款	本期数	占各项贷款	
2007-12	50 384	18.1				15 055	5.4				13 399	4.8				61 151	22.0			
2008-12	55 569	17.4	9 265	18.6	18.4	15 559	4.9	1 507	3.0	10.0	15 170	4.7	2 192	4.4	16.4	69 124	21.6	12 738	25.6	20.8
2009-12	74 551	17.5	20 195	19.2	34.2	19 488	4.6	4 248	4.0	25.2	20 134	4.7	4 973	4.7	32.7	91 316	21.5	23 482	22.3	32.1
2010-12	98 017	19.2	23 467	28.1	31.5	23 045	4.5	3 557	4.3	18.3	26 043	5.1	5 909	7.1	29.4	117 658	23.1	26 342	31.5	28.9
2011-12	121 469	20.9	22 508	28.6	24.7	24 436	4.2	2 937	3.7	13.7	31 023	5.3	5 079	6.4	19.1	146 016	25.1	27 271	34.6	24.9
2012-12	145 467	21.6	23 968	26.3	19.8	27 261	4.1	3 102	3.4	11.6	36 195	5.4	5 000	5.5	15.9	176 310	26.2	30 119	33.1	20.8
2013-12	173 025	22.6	28 946	31.0	18.9	30 437	4.0	3 487	3.7	11.7	45 047	5.9	8 894	9.5	24.5	208 893	27.3	34 024	36.5	18.5
2014-12	194 383	23.2	24 525	26.7	12.4	33 394	4.0	3 065	3.3	9.7	53 587	6.4	8 556	9.3	19.0	236 002	28.1	29 984	32.6	13.0
2015-12	216 055	22.8	22 274	22.1	11.2	35 137	3.7	1 897	1.9	5.2	61 488	6.5	7 823	7.8	14.8	263 522	27.8	28 803	28.6	11.7
2016-12	230 092	21.6	19 374	16.4	6.5	36 627	3.4	1 793	1.5	4.2	70 846	6.6	9 494	8.0	15.2	282 336	26.5	24 147	20.4	7.1
2007—2016年年均增长	18.7					10.7					20.4					18.8				

注1：涉农贷款专项统计自2007年9月开始实施，2007年当年无法统计涉农贷款、“三农”贷款新增额及其占比。

注2：（1）涉农贷款按用途划分包括农林牧渔业贷款和其他涉农贷款两部分。农林牧渔业贷款是指金融机构发放给各主体进行农林牧渔业生产的贷款，包括农业贷款、林业贷款、牧业贷款、渔业贷款和农林牧渔服务业贷款；其他涉农贷款主要是金融机构发放的除农林牧渔业贷款之外的各项贷款，其中包含金融机构发放给企业和各类组织用于支付农业产前、产中、产后的各环节，以及用于农村基础设施建设的各类特定用途贷款，主要有农用物资和农副产品流通贷款、农村基础设施建设贷款、农产品加工贷款、农业生产资料制造贷款、农田基本建设贷款、农业科技贷款，此外，还包括在其他方面促进农村地区经济发展的贷款，如县域地区的房地产贷款、建筑业贷款、除农林牧渔业贷款之外的农村个体户贷款等。

（2）涉农贷款按承贷主体划分包括个人涉农贷款、企业涉农贷款和各类非企业组织涉农贷款三个部分。其中，（A）个人涉农贷款包括农户贷款和非农户个人农林牧渔业贷款。农户贷款是金融机构发放给农户的所有贷款，包括农户生产经营贷款和农户消费贷款。农户生产经营贷款包括农户用于从事农林牧渔业生产活动的贷款和农户用于第二、第三产业活动的其他生产经营贷款。农户消费贷款是指发放给农户直接满足自身吃、穿、住、用、行以及医疗、学习等需要的贷款，如助学贷款、医疗贷款、个人构建住房贷款等。（B）企业涉农贷款是指金融机构发放给农村企业的贷款和城市企业的涉农贷款，包括农村企业涉农贷款和城市企业涉农贷款。（C）各类非企业组织涉农贷款是指金融机构发放给各类非企业组织的涉农贷款，包括农村各类组织涉农贷款和城市各类组织涉农贷款。各类组织包括农民专业合作社和其他组织。其中，农民专业合作社是指根据《中华人民共和国农民专业合作社法》的规定所设立和登记的农民专业合作组织；其他组织包括事业单位、机关法人、社会团体以及居民委员会、村民委员会和基金会等。

（3）涉农贷款按城乡地域分类包括农村贷款和城市涉农贷款两部分。其中，（A）农村贷款包括农户贷款和农村企业及各类组织贷款。（B）城市涉农贷款包括非农户个人农林牧渔业贷款和城市企业及各类组织涉农贷款，而城市企业及各类组织涉农贷款主要包括城市企业及各类组织的农林牧渔业贷款和城市企业及各类组织的支农贷款。

注3：本表“各项贷款”为全部金融机构本外币各项贷款总和，下同。

资料来源：中国人民银行调查统计司。

表1.2　金融机构本外币涉农贷款月报表

（2016-12-31）

单位：亿元、%

	余额		当年新增额		同比增长
	本期	占各项贷款比重	本期	占各项贷款比重	
涉农贷款	282 336	26.5	24 147	20.4	7.1
一、按用途分类					
（一）农林牧渔业贷款	36 627	3.4	1 793	1.5	4.2
（二）农用物资和农副产品流通贷款	28 536	2.7	1 690	1.4	4.7
（三）农村基础设施建设贷款	40 177	3.8	8 749	7.4	23.6
（四）农产品加工贷款	12 768	1.2	-589	-0.5	-8.2
（五）农业生产资料制造贷款	5 982	0.6	-380	-0.3	-12.5
（六）农田基本建设贷款	2 557	0.2	-638	-0.5	-23.6
（七）农业科技贷款	368	0.0	-83	-0.1	-19.6
（八）其他	155 319	14.6	13 605	11.5	7.8
二、按城乡地域分类					
（一）农村（县及县以下）贷款	230 092	21.6	19 374	16.4	6.5
1. 农户贷款	70 846	6.6	9 494	8.0	15.2
其中：农户消费贷款	26 731	2.5	7 002	5.9	36.9
2. 农村（县及县以下）企业及各类组织贷款	159 246	14.9	9 880	8.4	3.0
（二）城市涉农贷款	52 244	4.9	4 773	4.0	10.1
1. 城市企业及各类组织涉农贷款	50 268	4.7	4 611	3.9	10.0
2. 非农户个人农林牧渔业贷款	1 976	0.2	162	0.1	12.9
三、按受贷主体分类					
（一）个人涉农贷款	72 822	6.8	9 655	8.2	15.2
1. 农户贷款	70 846	6.6	9 494	8.0	15.2
2. 非农户个人农林牧渔业贷款	1 976	0.2	162	0.1	12.9
（二）企业涉农贷款	199 038	18.7	16 382	13.9	6.3
1. 农村（县及县以下）企业贷款	152 659	14.3	10 811	9.1	4.2
2. 城市企业涉农贷款	46 379	4.4	5 572	4.7	13.8
（三）各类非企业组织涉农贷款	10 476	1.0	-1 891	-1.6	-19.2
1. 农村（县及县以下）各类组织贷款	6 587	0.6	-931	-0.8	-17.7
2. 城市各类组织涉农贷款	3 889	0.4	-960	-0.8	-21.7

资料来源：中国人民银行调查统计司。

表1.3 金融机构本外币涉农贷款分机构月报表

（2016-12-31）

单位：亿元、%

	农林牧渔业贷款		农村（县及县以下）贷款		农户贷款		涉农贷款	
	余额	同比增长	余额	同比增长	余额	同比增长	余额	同比增长
全金融机构	36 627	4.2	230 092	6.5	70 846	15.2	282 336	7.1
中资全国性大型银行	6 200	-1.5	88 222	2.0	23 979	27.4	103 974	2.5
中资中型银行	2 190	2.5	44 881	11.5	1 504	35.5	68 773	12.1
中资小型银行	17 287	26.6	71 497	22.3	30 381	27.0	81 626	21.1
其中：								
农村商业银行	12 828	34.8	46 107	28.5	23 735	34.6	53 096	26.2
农村合作银行	730	-23.6	1 468	-46.1	989	-41.3	1 767	-43.2
村镇银行	1 724	18.2	4 953	15.4	3 234	20.3	5 550	16.2
农村信用合作社	10 920	-16.1	24 712	-17.8	14 902	-15.2	27 039	-16.7
中资财务公司	30	-11.1	780	1.8	80	20.9	924	4.9

注：中资全国性大型银行包括中资全国性四家行（中国工商银行、中国农业银行、中国银行、中国建设银行）、国家开发银行、交通银行、中国邮政储蓄银行。

中资中型银行包括中国进出口银行、中国农业发展银行、招商银行、上海浦东发展银行、中信银行、兴业银行、中国民生银行、中国光大银行、华夏银行、广发银行、平安银行、北京银行、上海银行、江苏银行。

中资小型银行包括恒丰银行、浙商银行、渤海银行、小型城市商业银行、农村商业银行、农村合作银行、村镇银行。

资料来源：中国人民银行调查统计司。

表1.4 本外币涉农贷款分地区月报表

（2016-12-31）

单位：亿元、%

项目 / 地区	农林牧渔业贷款		农村（县及县以下）贷款		农户贷款		涉农贷款	
	余额	同比增长	余额	同比增长	余额	同比增长	余额	同比增长
全国	36 627	4.2	230 092	6.5	70 846	15.2	282 336	7.1
总行	19	-23.2	91	38.7	0	0.0	2 716	-10.3
北京	416	13.9	825	-20.4	22	-84.2	1 958	-26.4
天津	191	15.4	914	-21.7	179	14.3	2 650	-9.0
河北	893	-19.6	11 906	-4.1	3 490	18.4	13 054	-2.5

续表

地区＼项目	农林牧渔业贷款		农村（县及县以下）贷款		农户贷款		涉农贷款	
	余额	同比增长	余额	同比增长	余额	同比增长	余额	同比增长
山西	848	2.3	7 588	3.2	1 574	6.8	8 691	5.4
内蒙古	1 894	6.5	5 918	14.4	1 574	14.9	7 492	14.2
辽宁	1 718	4.6	5 833	1.8	1 351	6.5	7 677	3.8
吉林	781	1.3	4 956	16.4	721	–0.3	6 110	14.6
黑龙江	1 496	–0.6	5 586	11.8	1 209	–3.8	7 993	9.3
上海	106	2.5	975	–10.5	174	57.0	2 037	–6.9
江苏	2 105	5.0	24 750	7.8	5 067	21.3	28 271	8.2
浙江	1 377	2.2	27 548	–1.7	9 388	17.3	30 079	–1.0
安徽	846	–0.5	7 162	12.2	3 067	22.5	9 665	13.4
福建	1 030	6.2	10 647	3.5	3 095	10.9	11 700	3.4
江西	2 121	10.6	7 176	16.5	3 249	20.9	8 432	17.3
山东	1 759	–11.6	21 715	6.0	4 318	12.5	24 688	5.6
河南	3 195	–4.1	12 745	8.8	4 114	15.8	14 913	10.4
湖北	1 251	8.5	6 273	15.6	2 001	24.4	9 027	17.2
湖南	1 447	–3.9	7 564	13.9	3 653	13.1	8 960	13.6
广东	843	–5.1	7 392	2.1	3 140	21.3	9 733	5.0
广西	1 714	24.5	4 528	14.0	2 250	28.5	6 765	12.7
海南	238	13.2	915	–20.8	164	17.1	1 429	–0.5
重庆	282	–11.4	3 347	8.3	1 336	12.4	4 677	6.9
四川	1 869	0.7	12 024	8.0	4 254	11.3	15 199	10.1
贵州	1 090	35.7	6 357	23.1	2 448	20.1	7 258	20.9
云南	1 092	5.1	6 436	12.0	1 943	12.1	8 006	12.2
西藏	149	68.5	259	21.2	178	14.9	860	108.2
陕西	1 138	6.2	4 820	6.0	2 175	4.8	5 858	7.4
甘肃	2 507	19.6	5 165	16.2	2 647	16.0	6 266	18.8
青海	147	20.5	1 298	9.5	161	20.7	1 995	9.3
宁夏	385	18.8	1 518	7.7	581	13.4	1 817	7.8
新疆	1 682	6.5	5 864	8.8	1 322	7.6	6 359	9.2

资料来源：中国人民银行调查统计司。

二、农村金融体系逐步完善，基础金融服务水平不断提高

多层次、广覆盖、适度竞争的农村金融服务体系建设继续推进，政策性金融、商业性金融和合作性金融功能互补、相互协作的体系日益完善。全国政策性农业信贷担保体系建设起步，农民合作社内部开展信用合作在“一省三县” 试点，相互保险试点正式启动。新兴互联网金融服务商积极探索普惠金融服务模式。

村镇银行县（市）覆盖面持续提升，截至2016年末，全国已有1 259个县（市）核准设立村镇银行，县（市）覆盖率为67%。全国已组建村镇银行1 519家，其中64.5%设在中西部地区，村镇银行资产规模达到1.24 万亿元。村镇银行已累计为352 万家农户和小微企业发放贷款580 万笔，累计发放贷款金额达3 万亿元。截至2016年末，全国已组建的新型农村金融机构93%以上的贷款投向了农户和小微企业。表1.5列示了农村中小金融机构从业人员、法人机构和营业网点情况。

表1.5　农村中小金融机构从业人员、法人机构和营业网点情况

机构名称	2016年		
	从业人员数（人）	法人机构数（个）	营业性网点（个）
合计	951 030	3 783	83 750
农村信用社	297 083	1 125	28 285
农村商业银行	558 172	1 114	49 307
农村合作银行	13 561	40	1 381
村镇银行	81 521	1 443	4 716
贷款公司	104	13	13
农村资金互助社	589	48	48

注：从业人员是指在岗人员数；机构数是指法人数，不统计非法人机构数。

资料来源：中国银监会。

推动偏远农村地区基础金融服务全覆盖工作持续推进。截至2016年末，全国金融机构空白乡镇从启动时（2009年10月）的2 945个减少到1 296个；实现乡镇金融机构和乡镇

基础金融服务双覆盖的省份（含计划单列市）从2009年10月的9个增加到29个。金融机构积极利用移动互联网等新兴技术扩大金融服务的覆盖面和便利性。目前，我国人均持有银行账户数量、银行网点密度等基础金融服务水平已达到国际中上游水平。

三、农村金融机构改革深化，为农服务能力进一步提升

农村信用社主动适应农业农村经济发展的新特点和新要求，不断深化产权改革和创新公司治理，不断创新和深化“三农”金融服务，长期积累的历史包袱逐步得到解决，资产质量和经营财务状况明显改善，资金规模和涉农信贷投放显著增加。农业银行“‘三农’金融事业部”改革试点推广到全国，将所有县域支行改造成为“‘三农’金融事业部”的基本经营单元，不断强化面向“三农”的经营主体地位。2016年末，贷款余额比2010年增长了1.11倍。邮政储蓄银行在2016年9月成立“三农”金融事业部，第一批在五家分行开展改革试点。农业发展银行改革完成注资，按照改革方案的要求，进一步完善信贷资源分配机制，优先保障政策性贷款需要，向政策性业务发展任务重、综合效益高的分支机构和地区倾斜，提高配置效率。国务院批复国家开发银行深化改革方案，明确国家开发银行的开发性金融机构的功能定位。允许符合条件的供销合作社企业依照法定程序开展发起设立中小型银行试点，增强为农服务的能力。

近两年来，受实体经济下行、县域经济结构转型升级缓慢、农村金融市场竞争加剧等多种因素影响，主要涉农金融机构盈利水平有所下降（见表1.6）。截至2016年末，金融机构涉农贷款不良率为3.1%，除农村信用社外，其他金融机构涉农贷款不良率均有所上升（见表1.7）。

表1.6 2007—2016年主要涉农金融机构盈利水平状况

单位：%

机构名称		2007	2008	2009	2010	2011	2012	2013	2014	2015	2016
农村商业银行	资产利润率[1]	0.70	0.79	0.80	1.01	1.20	1.25	1.26	1.38	1.11	1.01
	资本利润率[2]	12.97	13.71	13.36	13.82	15.43	15.94	15.91	17.23	13.95	13.14
农村合作银行	资产利润率	0.84	1.03	1.05	1.19	1.30	1.34	1.32	1.15	0.96	0.63
	资本利润率	13.29	15.87	15.85	16.05	17.06	16.57	14.87	13.0	10.93	7.27

续表

机构名称		2007	2008	2009	2010	2011	2012	2013	2014	2015	2016
农村信用社[③]	资产利润率	0.45	0.42	0.41	0.36	0.74	0.82	0.85	0.95	0.80	0.69
	资本利润率	10.36	9.87	9.72	8.34	15.30	16.29	16.14	17.37	14.07	11.83
新型农村金融机构	资产利润率								1.42	1.28	0.96
	资本利润率								10.1	9.38	7.64
邮政储蓄银行	资产利润率				0.4	0.6	0.63	0.57	0.55	0.52	0.51
	资本利润率				25.4	32.2	27.9	23.2	19.76	15.27	12.87

注：①资产利润率（ROA）是指金融机构在一个会计年度内获得的税后利润与总资产平均余额的比率，本表采用净利润与总资产平均余额的比率计算。

②资本利润率（ROE）是指金融机构在一个会计年度内获得的税后利润与资本平均余额的比率，本表采用净利润与所有者权益平均余额的比率计算。

③此处不含农村商业银行和农村合作银行。

资料来源：中国银监会。

表1.7　2016年金融机构涉农不良贷款

单位：亿元、%

项目／机构	涉农不良贷款			
	余额		比率	
	本期	同比增长	本期	同比增减百分点
全金融机构	8 649	8.7	3.1	0.0
中资全国性大型银行	3 043	13.9	2.9	0.3
中资中型银行	1 349	34.3	2.0	0.3
中资小型银行	2 095	28.3	2.6	0.1
其中：农村商业银行	1 554	30.6	2.9	0.1
农村合作银行	58	-27.1	3.3	0.7
村镇银行	93	44.9	1.7	0.3
农村信用合作社	2 161	-18.4	8.0	-0.2

资料来源：中国人民银行调查统计司。

四、农村金融产品和服务创新点多面广，突出对重点领域和薄弱环节支持

2014年以来，中央发布多个重要涉农文件，提出农村金融服务重点创新方向。人民

银行等部门认真落实中央部署，积极引导金融机构不断创新产品和服务方式，加大对农业农村重点领域和薄弱环节的支持力度。

一是稳妥有序地推进农村承包土地的经营权和农民住房财产权抵押贷款试点。引导金融机构围绕盘活农村土地经营权和农民住房财产权加强产品创新，拓宽抵押物范围，释放农村资源资产的抵押担保权能，进一步满足农业经营主体的信贷需求。试点地区所在的30个省级政府全部成立试点工作小组，并出台试点实施方案，国家开发银行、农业发展银行、各大型商业银行、邮储银行以及900余家地方金融机构建立了专项信贷管理制度，试点取得阶段性成果。

二是支持农业适度规模经营，改进和完善对专业大户、家庭农场、农民合作社等新型农业经营主体的金融服务。开展大型农机具、预期收益权、林权等抵押贷款业务和供应链融资服务。支持新型农业经营主体利用期货、期权等衍生工具进行风险管理。

三是加大对水利、新型城镇化、绿色生态等重点领域的支持。鼓励银行业金融机构拓宽水利建设贷款的还款来源和抵押担保范围，允许将水利、水电、供排水等项目收益权、资产等作为贷款抵（质）押担保物。创新面向新型城镇化的金融产品，做好与农业转移人口市民化相关的金融服务。建立以绿色生态为导向的补贴和激励政策体系。

四是鼓励协同创新。加强信贷与保险、担保合作，开展“保险+期货”试点。深化农业投融资体制改革，鼓励金融机构通过债权、股权、资产支持计划等多种方式，支持农业政府与社会资本合作（PPP）项目。

五是农村金融改革试点地区进一步扩大。继浙江省丽水市、河北省玉田县等6县（市）、安徽省金寨县以及黑龙江“两大平原”等地区之后，四川省成都市和吉林省相继开展农村金融服务综合改革试验。

五、直接融资环境进一步改善，涉农融资更趋多元化

2015年以来，证监会按照简政放权、放管结合的原则推进交易所债券市场改革发展，对贫困地区企业利用多层次资本市场融资提供政策支持；银行间债券市场陆续推出永续票据、项目收益票据、资产支持票据等创新产品，涉农企业直接融资环境进一步改善。

股票融资方面，2015—2016年，首发上市农业企业有4家，融资16.35亿元；再融资企业有33家，融资331.38亿元。截至2016年12月31日，新三板挂牌的涉农企业累计达386家，上述企业2016年共完成101次股票定向发行，累计融资39.54亿元。

债券融资方面，截至2016年12月末，396家涉农企业（包括农林牧渔业、农产品加工业）在银行间债券市场发行1 101只、10 928.9亿元债务融资工具。2016年，涉农企业共发行48只债券，融资344.1亿元；发行涉农资产支持证券2只，融资7亿元。

期货市场方面，已上市21个农产品期货品种，覆盖了粮、棉、油、糖、林木、禽蛋等主要大宗农产品领域，在谷物、油脂油料等领域还形成了较为完整的品种序列，已培育和发展包括粮、棉、油、糖等品种在内的“点基地”115家，覆盖20个农业省份。

六、农业保险创新加快，风险保障能力不断提高

自2007年中央财政对农业保险实施保费补贴等政策以来，我国农业保险实现快速发展。玉米、水稻、小麦三大口粮作物平均承保覆盖率超过70%。承保农作物品种超过189种，基本覆盖农、林、牧、渔各个领域。开办区域已覆盖全国所有省份。农业保险经营主体从2007年的6家增加到26家，农业保险服务点乡镇覆盖率达93%，村级覆盖率达48%。农业保险日益成为农村经济社会发展的“稳定器”和“助推器”。2007—2016年，农业保险提供风险保障从1 720亿元增加至2.16万亿元，共计向2.4亿户次农户支付赔款1 544亿元。

近年来，保监会积极引导保险经营机构加大产品创新力度，服务现代农业发展和农业供给侧结构改革。一是开发推出几百个地方特色优势农产品保险产品，包括中药材、茶叶、葡萄、枇杷、火龙果、石榴、果树、烤烟等多个品种。二是大力发展价格保险，实现保障水平从保自然风险向保市场风险扩展。已有31个省（市）启动或制订了试点方案，试点品种由2015年的19个增加到50多个。三是天气指数类产品从新疆、河南、黑龙江等粮食主产区的大宗粮食作物向茶叶、枇杷、芒果等地方特色产品过渡，承保品种不断丰富。保障程度也从单维度的旱灾、风灾、低温向多维度综合气象指数转变。四是通过保险机制引导养殖户主动进行无害化处理，防止病死畜禽流入市场，维护社会食品安全。

七、加大政策支持，金融助推脱贫攻坚效果显现

2015年，中央召开扶贫工作会议，随后印发了《中共中央　国务院关于打赢脱贫攻坚战的决定》，对脱贫攻坚战作出全面部署，确保到2020年农村贫困人口实现脱贫。金融扶贫对贫困地区和贫困群众发展产业脱贫增收至关重要。“一行三会”积极落实中央部署，出台一系列支持政策。一是设立扶贫再贷款，实行比支农再贷款更为优惠的利率，优先支持建档立卡贫困户和带动贫困户就业发展的企业、农村合作社。二是创新设立易地扶贫搬迁专项金融债券，促进易地扶贫搬迁建设顺利开展。三是国家开发银行、中国农业发展银行设立扶贫金融事业部统筹协调扶贫开发金融服务工作。四是支持贫困地区企业利用多层次资本市场融资。五是推动各地有效整合各类财政涉农资金，充分发挥财政政策对金融资源的支持和引导作用。

各金融机构积极落实各项扶贫政策措施，探索创新多种金融扶贫方式方法。银行业金融机构为贫困地区基础设施建设、易地搬迁、特色产业发展提供全方位信贷支持。保险业以农业保险、大病保险等与贫困人群密切相关的领域为切入点，防止因灾致（返）贫、因病致（返）贫，开发多种扶贫特色产品。银行业与保险业联合开发“信贷+保险”产品，通过小额贷款保证保险、借款人意外伤害保险、保单质押等方式为贫困户增信，推动信贷资源向贫困地区投放。2016年末，全国精准扶贫贷款余额24 878亿元，同比增长49%。截至2016年末，全国银行业金融机构发放扶贫小额信贷余额763亿元，发放扶贫项目贷款余额16 127亿元。

八、农村金融基础设施建设持续推进，普惠金融发展基础不断夯实

农村信用体系建设是缓解农村地区融资难、融资贵，促进“三农”发展的有效途径。人民银行指导各地结合实际条件，多渠道采集农户、家庭农场、农民专业合作社等农村地区生产经营主体的信用信息，在县（市）层面建立农户信用信息数据库。引导金

融机构将农户信用评价结果纳入信贷管理中，发放信用贷款，根据信用等级，给予农户不同的授信额度和利率，为有信用、有市场的农村生产经营主体提供便捷的金融服务。截至2016年末，全国累计为1.72亿位农户建立信用档案，已有近9 248万位农户获得银行贷款，贷款余额2.7万亿元。

继续在农村地区推广结算账户、支付工具、支付清算网络，深化助农取款服务，持续改善农村支付服务环境。农村地区人均持卡2.8张，基本实现了人人有卡、家家有账户、补贴能到户。截至2016年末，助农取款服务点达到98万个，覆盖行政村超过50万个，行政村覆盖率超过90%。鼓励村级电子商务服务点、助农取款服务点互相依托建设，促进农村电商发展。扩大ATM、POS机具网络。立足银行实体营业网点，大力推广网上银行、手机银行、电话银行服务。

2016年，国务院印发《推进普惠金融发展规划（2016—2020年）》，确立了推进普惠金融发展的指导思想、基本原则和发展目标，从普惠金融服务机构、产品、基础设施建设、法律法规和教育宣传等方面提出了系列政策措施和保障手段，并对推进普惠金融实施、加强领导协调、试点示范工程等方面作出了相关安排。

经国务院同意，人民银行、银监会联合有关部门指导河南省兰考县开展普惠金融改革试验区建设。人民银行加强中央和地方联动，指导地方分支机构在浙江省宁波市、陕西省宜君县、青海省开展普惠金融示范区建设试点。银监会、保监会指导甘肃省临洮县、和政县开展普惠金融试点。目前，各试点开局良好，各项工作有序推进。

九、加大支持力度，农村金融激励扶持政策不断完善

货币、信贷政策方面，综合运用多种货币政策工具，扎实开展信贷政策导向评估，引导金融机构加大对“三农”、小微企业的信贷投放。一是积极发挥差别化存款准备金政策作用，继续对主要涉农机构执行较为优惠的存款准备金率。二是适时适度下调支农、支小再贷款利率水平。规范完善业务管理，确保支农、支小再贷款资金全部用于发放涉农贷款、小微企业贷款。三是充分发挥再贴现引导金融机构优化信贷结构的积极作用，支持扩大涉农信贷投放和小微企业融资。四是开展信贷资产质押和中央银行内部评级试点，解决地方法人金融机构借用支农、支小再贷款合格抵押品不足问题。五是对国

家开发银行、中国农业发展银行、中国进出口银行发放抵押补充贷款，支持三家银行发放棚改贷款、重大水利工程贷款、人民币“走出去”项目贷款等。

财税政策方面，不断扩大财政奖励和补贴范围，加大政策支持力度和整合力度。自2008年起实施县域金融机构涉农贷款增量奖励和农村金融机构定向费用补贴政策。2015年，将上述奖补资金整合并入普惠金融发展专项资金。继续对农户小额贷款实行税收优惠，涉农和中小企业贷款损失准备金实行税前扣除。对主要涉农金融机构按照3%的征收率计算缴纳增值税。农业保险保费补贴品种扩大到15个，补贴区域扩大至全国，补贴比例逐步提高，并结合区域、险种情况实施差异化补贴政策。

监管政策方面，完善差异化监管手段，提高监管有效性，引领农村中小金融机构走差异化、特色化和专业化的发展道路。发布监管指引，加强农村金融机构“三农”金融服务机制建设。鼓励村镇银行积极引入民间资本参与投资，建立差异化的公司治理结构。对于农村中小金融机构实施差异化资本要求、涉农不良贷款率容忍度等监管考核指标。对在贫困农村地区设立机构网点适度放宽准入标准，建立绿色准入通道，缩短审批时间。支持农村中小金融机构围绕国家发展战略，开展金融业务创新先行先试。

第二部分
农村金融扶持政策体系

- 货币信贷政策
- 财政税收政策
- 监管政策

2003年，以中央启动农村信用社改革试点为标志，我国农村金融体制改革进入了一个新阶段。在中央部署下，金融、财税、监管政策相结合的、正向激励的扶持力度不断加大，政策体系日趋完善，对消化金融机构历史包袱、促进改革创新和有效调动服务“三农”的积极性发挥了重要作用。近两年，在我国经济发展进入新常态的背景下，各部门积极落实党中央、国务院支持农村金融改革发展的有关精神，以推动农业现代化和供给侧结构性改革为主线，持续创新完善政策措施，着力破解农村金融“成本高、风险高”等核心问题，着力推进农业提质增效和供给侧质量的提升，着力打通金融支持农业增产、农民增收和农村发展的“最后一公里”。

一、货币信贷政策

人民银行综合运用差别化准备金率、再贷款、抵押补充贷款等多种货币政策工具，扎实开展信贷政策导向评估，加强评估结果与再贷款、再贴现、债券备案等的有机结合，引导金融机构加大对“三农”、小微企业的信贷投放，降低融资成本，提高农村金融服务水平，促进“三农”发展。

（一）积极发挥差别化存款准备金政策作用

为发挥存款准备金政策在支持“三农”和小微企业方面的正向激励作用，人民银行对农村信用社、农村商业银行、农村合作银行、村镇银行、农业银行“‘三农’金融事业部”等主要涉农机构执行较为优惠的存款准备金率。

目前，县域农村商业银行执行12%的存款准备金率，比大型商业银行低5个百分点；农村合作银行、农村信用社、村镇银行执行9%的存款准备金率，比大型商业银行低8个百分点。上述机构中满足新增存款一定比例用于当地贷款的，其存款准备金率可再降1个百分点；符合审慎经营要求且“三农”或小微企业贷款达到一定比例的商业银行，可享受较同类机构法定水平低0.5~1.5个百分点的存款准备金率；中国农业银行县级“‘三农’金融事业部”执行比农业银行低2个百分点的存款准备金率。这些差别化准备金政策的实施，有效激励了金融机构提升服务“三农”领域的水平，支持农村经济发展。

（二）加大再贷款支持力度

适时适度下调支农、支小再贷款利率水平。目前一年期支农再贷款利率为2.75%，支小再贷款利率为3.25%。

加强对支农、支小再贷款的监测管理。明确运用支农、支小再贷款发放涉农贷款、小微企业贷款的利率水平及投向、用途、数量的监测考核量化标准，规范完善支农、支小再贷款业务管理，确保支农、支小再贷款资金全部用于发放涉农贷款、小微企业贷款。

创设扶贫再贷款，实行比支农再贷款更为优惠的利率（目前一年期扶贫再贷款利率为1.75%），专门用于引导地方法人金融机构扩大贫困地区信贷投放。

为解决地方法人金融机构借用支农、支小再贷款合格抵押品不足问题，人民银行在11家分支机构开展了信贷资产质押和中央银行内部评级试点，取得了良好效果。

截至2016年末，全国支农、支小再贷款余额分别为2 089亿元、537亿元，扶贫再贷款余额为1 127亿元。

（三）完善再贴现、抵押补充贷款政策

完善再贴现管理政策，对涉农票据、小微企业持有或收受的票据，以及中小金融机构承兑、持有的票据优先办理再贴现，并给予优惠利率支持。截至2016年末，再贴现余额为1 165亿元。

经国务院批准，人民银行对国家开发银行、中国农业发展银行、中国进出口银行发放抵押补充贷款，主要用于支持三家银行发放棚户区改造贷款、重大水利工程贷款、人民币“走出去”项目贷款等。截至2016年末，人民银行向三家银行提供抵押补充贷款共20 526亿元。

（四）加强信贷政策评估的政策导向效果

扎实开展信贷政策导向评估，加强评估结果与宏观审慎评估体系（MPA）、再贷款、再贴现、债券备案等的有机结合，不断增强评估工作的政策导向效果。

专栏一

信贷资产质押再贷款试点

从国际经验看，为保障中央银行资产安全，防范道德风险，中央银行通过债权方式提供流动性都应要求金融机构提供足额抵押品。虽然我国高等级债券总体充裕，但分布结构性不平衡，特别是地方法人金融机构持有的高等级债券数量较少，在向中央银行申请流动性支持时难以提供足额的合格质押品，对中央银行扩大流动性供给渠道形成了一定制约。2008年国际金融危机后，主要发达经济体中央银行如美联储、欧洲中央银行等将银行贷款等非市场化资产也纳入抵押品范围。对于贷款等非市场化资产的价值评估，发达经济体中央银行主要强化了中央银行内部信用评级的作用，并作为必要的制度安排纳入宏观审慎框架。借鉴发达经济体中央银行经验，同时考虑到我国信贷资产总量较多，以及人民银行职能宽泛、基础设施完善、人力资源丰富等有利条件，将信贷资产纳入抵押品范围不仅必要，而且可行。

为保障中央银行债权安全，防范金融机构道德风险，解决中小金融机构合格抵押品相对不足的问题，2014年4月，人民银行在山东、广东开展信贷资产质押和中央银行内部评级试点。试点地区初步建立了信贷资产质押再贷款的基本制度、操作规程和中央银行内部评级数据库，开展了信贷资产质押再贷款操作，形成了可复制、可推广的经验。2015年9月，人民银行在前期试点的基础上，决定在上海、天津、辽宁、江苏、湖北、四川、陕西、北京、重庆等9省（市）推广试点。试点地区人民银行分支机构对辖内地方法人金融机构的部分贷款企业进行中央银行内部评级，将评级结果符合标准的信贷资产纳入人民银行发放再贷款可接受的合格抵押品范围。

试点工作主要分为三个部分：一是对非金融企业开展中央银行内部评级。中央银行依据非金融企业的财务状况、发展前景等因素，采用定量与定性相结合的方法，对其资信状况进行评级，并进行动态调整，以及时反映非金融企业资信状况的变化。二是对地方法人金融机构开展信用评级和授信。试点地区人民银行分支机构参考宏观审慎评估、综合评价等相关信息，对地方法人金融机构进行信用评级，评级达标的地方法人金融机构可获得再贷款授信。三是开展信贷资产质押再贷款操作。试点地区人民银行分支机构以评估合格的信贷资产为质押，向地方法人金融机构发放信贷资产质押再贷款。

目前信贷资产质押再贷款试点工作进展顺利，截至2016年末，人民银行已对试点地区部分地方法人金融机构符合条件的2.9万家贷款企业完成了中央银行内部评级，评级结果在“可接受级”及以上级别的企业数量为1.8万家，将评级符合标准的信贷资产纳入人民银行发放再贷款可接受的合格抵押品范围。试点地区的人民银行分支机构以信贷资产质押方式向93家地方法人金融机构合计发放信贷政策支持再贷款207亿元。

总体来看，信贷资产质押再贷款试点是完善中央银行抵押品管理框架的重要举措，有利于提高货币政策操作的有效性和灵活性，有助于解决地方法人金融机构合格抵押品相对不足的问题，引导其扩大“三农”、小微企业信贷投放，促进降低社会融资成本，缓解小微企业融资难、融资贵的问题，支持实体经济发展。

二、财政税收政策

近年来，中央财政和税收部门不断完善和创新财税政策，不断扩大财政奖励和补贴范围，加大政策支持力度和整合力度，为农村金融持续发展提供动力支持。

（一）财政奖励补贴政策

财政部自2008年起实施县域金融机构涉农贷款增量奖励和农村金融机构定向费用补贴政策。2015年，将上述奖补资金整合并入普惠金融发展专项资金。

根据现行政策，县域金融机构[①]涉农贷款增量奖励是对符合条件的县域金融机构涉农贷款平均余额同比增长超过13%的部分，财政部门按照不超过2%的比例给予奖励。奖励资金由中央和地方财政按规定的比例分担，东部、中部、西部地区中央财政与地方财政的分担比例分别为3∶7、5∶5、7∶3。实施范围包括河北、山西、内蒙古、辽宁、吉林、黑龙江、江苏、安徽、福建、江西、山东、河南、湖北、湖南、广西、海南、四川、重庆、贵州、云南、西藏、陕西、甘肃、青海、新疆等25个省（自治区、直辖市）。

① 县域金融机构指县级（含县、县级市、县级区，不含县级以上城市的中心区）区域内具有法人资格的金融机构和其他金融机构（不含中国农业发展银行）在县及县以下的分支机构。

农村金融机构定向费用补贴是对符合条件的新型农村金融机构[①]和基础金融服务薄弱地区银行业金融机构（网点），财政部门按照不超过其贷款平均余额的2%给予补贴，补贴资金由中央和地方财政按规定的比例分担，东部、中部、西部地区中央财政与地方财政的分担比例分别为3∶7、5∶5、7∶3，实施范围为全国。

专栏二

普惠金融发展专项资金

2015年，为更好地发挥财政资金对普惠金融发展的引导和带动作用，按照财政专项转移支付资金管理改革的有关要求，财政部将已有的县域金融机构涉农贷款增量奖励、农村金融机构定向费用补贴、创业担保贷款贴息奖补3项专项转移支付资金，以及新增的政府与社会资本合作项目以奖代补资金整合，设立了普惠金融发展专项资金，并于2016年印发了《普惠金融发展专项资金管理办法》。

普惠金融发展专项资金遵循惠民生、保基本、有重点、可持续的原则，综合运用业务奖励、费用补贴、贷款贴息、以奖代补等方式，引导地方各级人民政府、金融机构以及社会资金支持普惠金融发展，弥补市场失灵，保障农民、小微企业、城镇低收入人群、贫困人群和残疾人、老年人等我国普惠金融重点服务对象的基础金融服务可得性和适用性。

普惠金融发展专项资金采取因素法分配，由中央财政按年度将预算指标定额切块下达至省级财政部门。地方财政部门根据中央财政下达的预算指标，按照有关要求安排使用。专项资金的使用和管理遵循公开透明、定向使用、科学规范的基本原则，确保资金使用合理、安全、高效，充分发挥财政资金杠杆作用，引导金融服务向普惠方向延伸。财政部负责专项资金的预算管理和资金拨付，并组织对资金使用情况进行预算监管和绩效管理。2016年，中央财政将向各地拨付普惠金融发展专项资金162.74亿元。

---

① 新型农村金融机构，是指经中国银监会批准设立的村镇银行、贷款公司、农村资金互助社3类农村金融机构。享受补贴的条件包括：（1）当年贷款平均余额同比增长；（2）村镇银行的年均存贷比高于50%（含50%）；（3）当年涉农贷款和小微企业贷款平均余额占全部贷款平均余额的比例高于70%（含70%）。

（二）农村金融税收优惠政策

近年来，为引导更多资金服务“三农”，国家出台了一系列税收优惠政策（见表2.1），有效地缓解了农业贷款成本高、风险大和低收入农户贷款难的问题。一是对金融机构发放的10万元以下农户小额贷款的利息收入免征增值税，对上述利息收入在计算应纳税所得额时，按90%计入收入总额；二是涉农和中小企业贷款损失准备金实行税前扣除；三是对农业发展银行、农村信用社、村镇银行、农村资金互助社、符合条件的农村商业银行、农村合作银行、农业银行县域支行等涉农金融机构适用简易计税方法，按照3%的征收率计算缴纳增值税；四是对符合条件的担保机构从事中小企业信用担保或者再担保业务取得的收入3年内免征增值税。

表2.1 农村金融税收优惠政策一览

文件名	文件号	主要内容
《财政部 国家税务总局关于延续并完善支持农村金融发展有关税收政策的通知》	财税〔2014〕102号	对金融机构发放的农户小额贷款（10万元以下）利息收入免征增值税，对上述利息收入在计算应纳税所得额时，按90%减计收入
《财政部 国家税务总局关于金融企业涉农贷款和中小企业贷款损失准备金税前扣除有关问题的通知》	财税〔2015〕3号	对涉农贷款五级分类中的关注类、次级类、可疑类及损失类等四类贷款资产可分别按2%、25%、50%和100%的比例计提专项准备，并予以税前扣除
《财政部 国家税务总局关于全面推开营业税改征增值税试点的通知》	财税〔2016〕36号	符合条件的担保机构从事中小企业信用担保或者再担保业务取得的收入3年内免征增值税
《财政部 国家税务总局关于营业税改征增值税试点若干政策的通知》	财税〔2016〕39号	中国农业发展银行总行及其分支机构提供涉农贷款取得的利息收入，可以选择适用简易计税方法，按照3%的征收率计算缴纳增值税
《财政部 国家税务总局关于进一步明确全面推开营改增试点金融业有关政策的通知》	财税〔2016〕46号	对农村信用社、村镇银行、农村资金互助社、由银行业金融机构全资发起设立的贷款公司以及法人机构所在地在县及县（市）以下地区的农村合作银行以及农村商业银行的金融业收入，可选择适用简易计税方法，按照3%的征收率计算缴纳增值税；中国农业银行纳入“‘三农’金融事业部”改革试点的县域支行提供农户贷款、农村企业和农村各类组织贷款取得的利息收入，可选择适用简易计税方法，按照3%的征收率计算缴纳增值税

（三）农业保险保费补贴政策

2007年以来，财政部按照“政府引导、市场运作、自主自愿、协同推进”的原则，实施了农业保险保费补贴政策，在农户和地方自愿参加的基础上，为投保农户提供一定的保费补贴，引导和支持其参加农业保险，并逐步加大支持力度。目前，补贴品种已由最初的种植业5个，扩大至种、养、林3大类15个，基本覆盖了关系国计民生和粮食安全的主要大宗农产品；补贴区域已由6省（区）稳步扩大至全国；补贴比例也在逐步提高，并结合区域、险种情况实施了差异化补贴政策，如种植业由25%提高至中西部40%、东部35%。自2016年起，中央财政对产粮大县三大粮食作物农业保险的补贴比例，由目前的中西部40%、东部35%，逐步提高至中西部47.5%、东部42.5%，对缓解产粮大县财政支出压力、扩大农业保险覆盖面、稳定产粮大县农业生产和农户收入等，具有重要意义。

2016年，中央财政拨付农业保险保费补贴资金158.30亿元，同比增长7.5%，带动全国实现农业保险保费收入400多亿元，为超过2亿户次农户提供风险保障2万多亿元（见表2.2）。

表2.2　农业保险保费补贴情况

<table>
<tr><th colspan="3">项目</th><th>内容</th></tr>
<tr><td colspan="3">补贴品种</td><td>1. 种植业。玉米、水稻、小麦、棉花、马铃薯、油料作物、糖料作物。
2. 养殖业。能繁母猪、奶牛、育肥猪。
3. 森林。已基本完成林权制度改革，产权明晰、生产和管理正常的公益林和商品林。
4. 其他品种。青稞、牦牛、藏系羊（以下简称藏区品种）、天然橡胶，以及财政部根据党中央、国务院要求确定的其他品种。</td></tr>
<tr><td colspan="3">补贴区域</td><td>全国各地自主自愿开展且经财政部确认符合条件。</td></tr>
<tr><td rowspan="5">补贴比例</td><td colspan="2">种植业保险</td><td>在省级财政至少补贴25%的基础上，中央财政对中西部地区补贴40%、对东部地区补贴35%；对纳入补贴范围的新疆生产建设兵团、中央直属垦区、中国储备粮管理总公司、中国农业发展集团有限公司等（以下统称中央单位），中央财政补贴65%。</td></tr>
<tr><td colspan="2">养殖业保险</td><td>在省级及省级以下财政（以下简称地方财政）至少补贴30%的基础上，中央财政对中西部地区补贴50%、对东部地区补贴40%；对中央单位，中央财政补贴80%。</td></tr>
<tr><td rowspan="2">森林保险</td><td>公益林保险</td><td>在地方财政至少补贴40%的基础上，中央财政补贴50%；对大兴安岭林业集团公司，中央财政补贴90%。</td></tr>
<tr><td>商品林保险</td><td>在省级财政至少补贴25%的基础上，中央财政补贴30%；对大兴安岭林业集团公司，中央财政补贴55%。</td></tr>
<tr><td colspan="2">藏区品种、天然橡胶</td><td>在省级财政至少补贴25%的基础上，中央财政补贴40%；对中央单位，中央财政补贴65%。</td></tr>
</table>

资料来源：《中央财政农业保险保险费补贴管理办法》（财金〔2016〕123号）。

三、监管政策

中国银监会积极完善差异化监管手段，提高监管有效性，引领农村中小金融机构走差异化、特色化和专业化的发展道路。

（一）加强农村金融机构“三农”金融服务机制建设

《加强农村商业银行三农金融服务机制建设监管指引》[①]要求，农村商业银行应建立包括股权结构、公司治理、发展战略、组织架构、业务发展、风险管理、人才队伍、绩效考核和监督评价在内的保障支持“三农”发展的系列制度安排，并加强相应能力建设。强调农村商业银行应合理设置股权结构，适当吸收一定数量的优质涉农企业入股，以更好地发挥股东的监督作用。要求大中城市和县域农村商业银行要在董事会下设立由董事长任主任委员的“三农”金融服务委员会，并相应调整和优化组织架构。实行差别化绩效考核，鼓励给予“三农”金融业务最高的绩效权重、最优的内部资金转移价格、最好的员工等级制度和薪酬制度。为保证政策落地，监管部门将农村商业银行“三农”金融服务机制建设和执行情况与机构市场准入、监管评级、标杆行评选、高管人员履职评价挂钩。指导和督促农村中小金融机构充分考虑外部环境和自身比较优势，建立服务“三农”和小微企业的差异化发展模式。支持农村中小金融机构围绕国家发展战略，开展金融业务创新先行先试，提供多元化农村金融服务。支持符合条件的银行业金融机构发行“三农”金融债，增加支农信贷资金来源。优先对涉农贷款开展资产证券化和资产流转试点。

（二）持续提升村镇银行覆盖面

允许已投资一定数量村镇银行且所设村镇银行经营管理服务良好的商业银行，选择一家条件成熟的村镇银行作为投资管理行，提升批量化组建、集约化经营和专业化服务水平。在经济欠发达地区实行“一行多县”和经济发达地区实行“一县多行”政策，持

① 农村合作银行、农村信用合作联社参照该指引执行，村镇银行可比照该指引执行。

续提升村镇银行县（市）覆盖面。鼓励村镇银行在发起设立、增资扩股过程中积极引入民间资本参与投资，稳步提高民间资本的持股比例。允许村镇银行根据自身组织形式、发展战略、资产规模、业务复杂程度及社区性银行特点，按照“间接、灵活、有效”的原则，建立差异化的公司治理结构。一些村镇银行通过外资银行股东引入先进的金融理念和符合国际标准的银行服务。截至2016年末，有5家外国银行在华共设立了33家村镇银行，地域覆盖北京、河南、湖北、重庆等10个省（市）。

（三）对农村金融机构实行差异化监管指标要求

根据农村中小金融机构实际情况，对农村合作银行、农村信用社和村镇银行实施差异化资本要求，不强制实施资本高级计量法，根据是否建立内部资本充足评估程序，确立不同的第二支柱资本要求。允许支农再贷款发放的涉农贷款和“三农”金融专项债所对应的涉农贷款不纳入存贷比分子计算范围，并对农村中小金融机构给予差别化流动性覆盖率考核和涉农不良贷款率容忍度。落实城乡网点设立挂钩政策，对在贫困农村地区设立机构网点适度放宽准入标准，建立绿色准入通道，缩短审批时间。

（四）推进农村金融创新

支持农村中小金融机构围绕国家发展战略开展金融业务创新先行先试。支持优质农村商业银行设立同业业务中心等专营机构，探索组建理财、信用卡等业务条线子公司，提供多元化农村金融服务。支持符合条件的银行业金融机构发行“三农”金融债，增加支农信贷资金来源。优先对涉农贷款开展资产证券化和资产流转试点。支持符合条件的各类发起人发起设立服务“三农”的金融租赁公司，开展大型农机具金融租赁试点，支持农业大型机械、生产设施和加工设备更新。

第三部分
农村金融重要改革

- 农村信用社改革
- 商业银行“‘三农’金融事业部”改革
- 政策性金融机构涉农服务改革
- “两权”抵押贷款改革试点
- 新型合作金融试点
- 区域农村金融改革试点

一、农村信用社改革

农村信用社经过上一轮改革，取得了积极成效。近年来，农村信用社主动适应农业农村经济发展的新特点和新要求，不断深化产权改革和创新公司治理，不断创新和深化“三农”金融服务，对保持我国农村金融的稳定发展、提升农村金融服务能力、推动社会主义新农村建设发挥了重要作用。

一是长期积累的历史包袱逐步得到解决，系统性风险大大降低。改革以来，人民银行按照因地制宜、分类指导，防范道德风险、持续正向激励的原则，制定并实施了资金支持政策，对农村信用社共安排支持资金1 713亿元，再加上财政支持和税收优惠，中央政府提供的资金支持共2 600多亿元，有效地化解了农村信用社的历史包袱。自2004年实现全行业盈利以来，截至2016年末，全国农村信用社（含农村商业银行、农村合作银行，下同）已经累计实现盈利15 776亿元。

二是资产质量和经营财务状况明显改善。按照贷款五级分类口径统计，2016年末，全国农村信用社不良贷款余额为5 018亿元，比2007年末下降1 578亿元，不良贷款率为3.79%，比2007年下降17.25个百分点。全国农村信用社资本充足率为12.13%，比2007年末提高12.23个百分点。

三是资金规模和涉农信贷投放显著增加。2016年末，全国农村信用社的各项贷款余额为13.42万亿元，涉农贷款和农户贷款余额分别为8.19万亿元和3.96万亿元。

四是产权制度改革稳步推进。监管部门积极稳妥推进农村商业银行组建工作，加大对问题机构并购重组激励，稳步提升民间资本持股比例。督促农村信用社加大系统帮扶重组力度，并与设立分支机构、村镇银行及业务创新相挂钩。截至2016年末，全国共组建以县（市）为单位的统一法人农村信用社1 054家，农村商业银行1 114家，农村合作银行40 家。

下一步改革的重点，是按照《中共中央 国务院关于落实发展新理念加快农业现代化实现全面小康目标的若干意见》（中发〔2016〕1号）和《中共中央 国务院关于深入推进农业供给侧结构性改革加快培育农业农村发展新动能的若干意见》（中发〔2017〕1号）的部署，开展农村信用社省联社改革试点。在2003年改革初期，县域基层农村信用社分散、弱小、极不规范，农村信用社省联社的设立在推动改革、改进经营、健全内控、化解风险等方面发挥了重要作用。但随着改革的深入，全国农村信用社经营状况大幅改善，市场意识与竞争能力不断增强，省联社行政化管理体制存在的问题与矛盾日益突出。未来要按照聚焦“三农”、依法履职、市场化的原则开展省联社改革试点，强化行业服务功能，整合提升农村信用社为农服务能力。

二、商业银行“‘三农’金融事业部”改革

为探索大型商业银行服务“三农”有效模式，实现面向“三农”与商业运作的有机结合，农业银行从2008年起启动实施了“‘三农’金融事业部”改革。“‘三农’金融事业部” 实行农业银行总行、试点省分行、地（市）分行管理部门“三级督导”，县域支行“一级经营”的事业部管理架构，对纳入改革试点的县域支行实行“六个单独”（单独的资本管理、单独的信贷管理、单独的会计核算、单独的风险拨备与核销、单独的资金平衡、单独的绩效考评）的运行机制，并给予财税优惠、差别化存款准备金率和监管费减免等扶持政策。试点经国务院批准，在2011年9月、2013年11月和2015年4月先后三次扩大范围后，推广至农业银行全部县域支行。

农业银行按照“三级督导、一级经营”的改革要求，在总行层面成立了“三农”金融部，在省、市分行层面成立了“三农”金融分部，将所有县域支行改造成为“‘三农’金融事业部”的基本经营单元，不断强化面向“三农”的经营主体地位。以地域为界，将所有县域机构的全部业务纳入“‘三农’金融事业部”核算和管理范围。按照高于全行平均水平的原则，倾斜配置“‘三农’金融事业部”经营资源。

人民银行自2011年起对农业银行县事业部进行考核，对达标的县事业部执行比农业银行低2个百分点的优惠存款准备金率；县事业部发放的农户贷款、农村企业和农村各类组织贷款取得的利息收入在营改增前减按3%的税率征收营业税，营改增后减按3%的税率计算缴纳增值税；监管费比照农村信用社的标准免收业务监管费和机构监管费。据农业银行统计测算，2015年，优惠存款准备金率可增加收益11.24亿元；分别节省税金、减免监管费18.16亿元、1.77亿元；三项扶持政策合计增加收益31.17亿元。

农业银行“‘三农’金融事业部”改革取得了显著成效。截至2016年末，农业银行

县域贷款余额3.18万亿元，较2010年末增加1.67万亿元，增长了1.11倍，较农业银行整体贷款增速高23.92个百分点。“‘三农’金融事业部”累计发放惠农卡1.94亿张，在农村地区设立“金穗惠农通”工程服务点63.0万个，在县以下布放转账电话、POS机等各类电子机具约101.2万台，代理城乡居民养老保险1 406个县，代理新农合897个县，代理涉农财政补贴项目4 950个，对行政村的服务覆盖率达75.1%。表3.1列示了中国农业银行县域金融业务开展情况。

表3.1　中国农业银行县域金融业务开展情况

项目 \ 年份	2008	2010	2012	2014	2016
县域贷款余额（亿元）	8 323	15 053	20 495	26 516	31 775
县域存款余额（亿元）	25 143	36 123	45 525	53 257	64 212
营业利润（亿元）	134	339	624	774	628
县域金融业务不良贷款率（%）	5.51	2.51	1.64	1.83	3.02
累计发放惠农卡（亿张）			1.28	1.61	1.94

资料来源：中国农业银行。

按照中央2016年一号文件“建立‘三农’金融事业部，打造专业化为农服务体系”的要求，中国邮政储蓄银行“三农”金融事业部于2016年9月8日成立，第一批在内蒙古、吉林、安徽、河南、广东等五家分行开展改革试点。中国邮政储蓄银行“三农”金融事业部按照“边界清晰、核算准确、权责明确、运转高效”的原则，构建四级经营体系。建立专业化的“三农”贷款审查审批体系，加大力度重点服务农业产业化、农业农村基础设施、新农村建设等领域，做好金融扶贫工作。

三、政策性金融机构涉农服务改革

中国农业发展银行自1994年成立以来，在服务“三农”，特别是支持粮棉油收储、农业开发和农业农村基础设施建设等方面发挥了重要作用。但随着外部环境的变化，农业发展银行治理结构不完善、资本金不足、约束机制不健全、可持续发展能力不强等问题日益突出，需要通过改革加以解决。

2014年12月，《中国农业发展银行改革实施总体方案》经国务院批复同意，改革方案强调，要进一步强化农业发展银行的政策性职能定位，坚持以政策性业务为主体，对政策性业务和自营性业务实施分账管理、分类核算，明确责任和风险补偿机制，确立以资本充足率为核心的约束机制，建立规范的治理结构和决策机制，同时给予相应的财税支持政策。农业发展银行在继续做好粮棉油收储信贷业务的同时，要突出重点，加大对农业基础设施、重大水利工程、贫困地区公路建设等领域的支持力度，通过改革建成具备可持续发展能力的农业政策性银行，在农村金融体系中真正发挥出主体和骨干作用。财政部于2015年向农业发展银行注资100亿元，将农业发展银行未分配利润270亿元转为资本。

按照改革方案的要求，农业发展银行进一步完善了信贷资源分配机制，优先保障粮棉油收储、脱贫攻坚、国家重点工程和项目建设等政策性贷款需要，向政策性业务发展任务重、综合效益高的分支机构和地区倾斜，提高配置效率。截至2016年底，粮棉油贷款余额20 352.73亿元，农业农村基础设施建设贷款余额17 068.98亿元。在839个国家扶贫开发工作重点县和集中连片特困地区县的贷款余额达7 928.75亿元。

2015年3月，国务院批复国家开发银行深化改革方案，明确国家开发银行的开发性金融机构的功能定位，主要从事开发性业务，如新型城镇化、保障性安居工程、“两基一支”、支持“走出去”等。改革目标是努力把国家开发银行建设成为资本充足、治理规范、内控严密、运营安全、服务优质、资产优良的开发性金融机构，进一步发挥开发性金融在重点领域、薄弱环节的功能和作用。

2012年，财政部联合中国农业发展银行、中国信达资产管理股份有限公司、中国中信集团有限公司，成立了中国农业产业发展基金。基金运行四年多来，通过市场化运作机制，重点投资农业产业化龙头企业、农业流通等重点农村服务业企业，在引导和带动社会资本投入农业产业化项目、促进农村经济发展、带动农民致富等方面发挥了积极作用。截至2016年末，中国农业产业发展基金共投资项目17个，投资金额29.27亿元，完成基金规模的73.18%，成为财政促进金融支农的新模式。

2015年中央一号文件提出“鼓励开展‘三农’融资担保业务，大力发展政府支持的‘三农’融资担保和再担保机构，完善银担合作机制”，以缓解“三农”融资难、融资贵的问题。2015年7月，财政部、农业部、银监会印发了《关于财政支持建立农业信贷担保体系的指导意见》（财农〔2015〕121号），拟用3年左右的时间建立健全政策性强、专注现代农业发展、覆盖全国的农业信贷担保体系。相关工作正在积极有序推进。

四、“两权”抵押贷款改革试点

“两权”抵押贷款试点是党的十八届三中全会确定的重点改革任务，是农村金融制度的重要创新，对于盘活农村存量资产、提高农村土地资源利用效率、促进农村经济和农村金融发展具有重要意义。2015年8月，国务院出台了《国务院关于开展农村承包土地的经营权和农民住房财产权抵押贷款试点的指导意见》（国发〔2015〕45号），正式启动“两权”抵押贷款试点工作。2016年，人民银行会同相关部委联合出台了《农民住房财产权抵押贷款试点暂行办法》（银发〔2016〕78号）和《农村承包土地的经营权抵押贷款试点暂行办法》（银发〔2016〕79号），确立了232个农地抵押贷款试点县（市、区）和59个农房抵押贷款试点县（市、区），并建立了“两权”抵押贷款专项统计制度。

试点以来，人民银行推动试点地区所在的30个省级政府全部成立试点工作小组，并出台试点实施方案，指导国家开发银行、中国农业发展银行、各国有商业银行、中国邮政储蓄银行以及900余家地方金融机构建立了专项信贷管理制度，两权抵押贷款试点取得阶段性成果。一是农村产权流转体系逐步健全。各试点地区积极推动建立农村产权流转体系，探索创新流转交易机制。部分地区借力网络平台，有效整合各类农村产权信息，实现涉农信息的对接共享。二是多层次风险补偿和缓释机制逐步完善。各试点地区通过设立风险补偿基金、成立政府性农业担保公司等方式，分担“两权”抵押贷款风险。针对农业经营中固有的自然风险和市场风险，一些地区积极探索“两权”抵押贷款与保险相结合的新思路。三是金融产品创新力度加大。金融机构推出了“两权+第三方担保”、农村多产权组合抵押、农房小额保证保险贷款等多种信贷产品，满足生产经营主体融资需求。四是抵押物处置机制不断完善。有的试点地区成立了由龙头企业或政府参股的土地收储公司；有的采取“预抵押”方式，在放贷前找好“下家”；有的将产权反抵押给有处置能力的第三方，并由第三方担保，解决处置问题。截至2016年末，232个农地抵押贷款试点县贷款余额140亿元，59个农房抵押贷款试点县贷款余额126亿元。

专栏三

建立专项统计制度，全面反映“两权”抵押贷款试点成效

为做好“两权”抵押贷款试点工作，2016年5月，人民银行印发《关于建立“两权”抵押贷款专项统计制度的通知》（银发〔2016〕140号）。2016年下半年以来，“两权”抵押贷款专项统计制度顺利实施，数据质量不断提高，专项统计的基础信息支撑作用得以有效发挥，主要体现在以下四个方面。

一是突“重点”，实现对试点地区“两权”抵押贷款的分别统计与监测。为适应试点需要，专项统计制度特别将统计范围聚焦到全国232个农村承包土地的经营权抵押贷款试点县（市、区）和59个农民住房财产权抵押贷款试点县（市、区），从数据源和报表编制层面确保以试点县（市、区）为单位开展统计和监测，及时反映和重点评估试点成效，为积极稳妥推进试点工作提供数据支撑。

二是抓“全面”，实现对全国“两权”抵押贷款业务统计的全覆盖。立足“两权”抵押贷款业务已经在全国范围内先行探索的实际，“两权”抵押贷款专项统计制度点面结合，既统计经全国人大法律授权试点地区的“两权”抵押贷款发展情况，也统计那些不属于试点地区但实际开办了有关业务的情况，有利于掌握全国“两权”抵押贷款总量及其发展态势，开展对比分析。

三是重“新型”，将新型农业经营主体贷款纳入统计。专项统计制度关注农业专业大户和家庭农场、农业产业化龙头企业、农民专业合作社等新型农业经营主体通过“两权”抵押获得的贷款，全面监测“两权”抵押贷款对新型农业经营主体信贷投放的水平。

四是贴“实际”，多维度反映“两权”抵押贷款业务发展。专项统计制度紧密贴近“两权”抵押贷款业务特点和发展趋势，构建了全口径、多维度的“两权”抵押贷款专项统计指标体系，涵盖规模、期限、担保方式、用途、资产质量和利率水平等方面，全面反映“两权”抵押贷款业务发展态势，为试点政策效果评估提供信息参考。

五、新型合作金融试点

（一）农民合作社内部开展信用合作试点

2006年《中华人民共和国农民专业合作社法》颁布以来，各地积极创新，农村合作经济快速发展。为适应农村合作经济需求，2014年中央一号文件提出，在不对外吸储放贷、不支付固定回报的前提下，在管理民主、运行规范、带动力强的农民合作社和供销合作社基础上，培育发展农村合作金融。2014年11月，农业部、银监会等部门联合批复河北省玉田县、安徽省金寨县和湖南省沅陵县承担“发展新型农村合作金融组织试点”改革试验任务，结合3县农业农村发展实际，在农民合作社内部开展信用合作试点。同年12月，经国务院批准，银监会批复同意山东省组织开展农民合作社内部信用合作试点。

“一省三县”改革试点工作进展顺利。河北省玉田县共有试点农民合作社4家，截至2016年底，参与信用合作的社员2 606户，信用合作资金总额4 021万元，累计向社员投放资金1.89亿元。截至2016年底，安徽省金寨县共有试点农民合作社5家，参与信用合作的社员242户，信用合作资金总额315万元，累计投放资金596万元。湖南省沅陵县试点农民合作社有1家，截至2016年底，参与信用合作的社员126户，信用合作资金总额400万元，累计投放资金360多万元。截至2016年底，山东省有107个县（市、区）和12个开发区的284家农民合作社取得信用互助业务试点资格，参与社员（包括法人社员）2万余人，累计开展信用合作业务1 743笔、金额6 442.2万元。在满足社员小额、分散资金需求的同时，培养和提升了社员的信用意识和规则意识。总体上看，“一省三县”试点工作取得预期效果，对增加“三农”资金供给，加快构建新型农业经营体系，促进农业生产发展起到了一定作用，同时也为在全国更大范围内组织推广试点积累了宝贵经验。银监会等部门按照2016年中央一号文件“扩大在农民合作社内部开展信用合作试点的范围”的部署，正在总结试点经验基础上研究制订扩大试点的方案。

（二）相互保险试点

《国务院关于加快发展现代保险服务业的若干意见》（国发〔2014〕29号）提出

“鼓励开展多种形式的互助合作保险”。2015年，保监会制定了《相互保险组织监管试行办法》，初步确立了相互保险发展和监管的基本理念和核心原则。2016年4月，国务院正式批准同意开展相互保险社试点。6月，保监会正式批准众惠财产相互保险社、汇友建工财产相互保险社和信美人寿相互保险社筹建。从筹建方案来看，上述相互保险组织均遵循“互助共济、风险共担”的核心理念，注重发挥相互保险的独特优势，致力于在当前国家亟需的小微企业、建筑企业金融服务以及特定群体养老健康保障等方面发挥积极作用。

（三）互助担保

浙江丽水、福建沙县等农村金融改革试点地区积极开展合作担保机制建设，缓解农户“融资难”问题。基本的做法是通过村民集资、能人捐资、政府注资等渠道筹资成立村级互助性担保基金，由银行建立专户进行封闭管理，用于为本村村民贷款担保。截至2016年末，沙县已有106个行政村建立了村级融资担保基金，加入基金农户2 516户，基金规模5 118万元，累计为5 681户的5.46亿元贷款提供担保。陕西等地的一些专业合作社也开展了类似的探索。

六、区域农村金融改革试点

继人民银行等部门在浙江省丽水市、北京市大兴区、河北省玉田县、吉林省九台市、福建省沙县、湖南省沅陵县、广西壮族自治区田东县、安徽省金寨县以及黑龙江“两大平原”等地区开展农村金融改革试点，2015年人民银行进一步总结经验，会同有关部门在四川省成都市和吉林省部署开展农村金融服务综合改革试验。

成都市是全国首批统筹城乡综合配套改革试验区，在建立农村产权制度、城乡统一的公共服务制度以及探索城乡一体化的金融改革发展等方面进行了积极探索，成效较为显著。人民银行会同有关部门，结合党的十八届三中全会关于推进城乡要素平等交换和公共资源均衡配置的精神，以及新形势下成都市统筹城乡综合改革的发展实际，制定了完善金融组织体系、创新金融产品和服务方式、培育发展多层次资本市场、大力推动农村信用体系、健全配套政策措施5个方面的19项金融改革任务。力争到2020年，建立较为完备的农村金融服务体制机制，在关键领域、重点环节取得重大突破，率先形成推动新型城镇化和农业现代化发展的金融支撑体系，基本实现城乡金融服务均等化。

吉林省作为农业大省、粮食大省，是全国现代农业建设的生力军，近年来开展的以土地收益保证贷款为代表的农村金融改革创新取得较好效果。在吉林省开展农村金融综合改革试验的目标是，力争用5年左右的时间，在试验地区形成多层次、广覆盖、可持续、竞争适度、风险可控的现代农村金融体系，符合现代农业需求的金融产品和服务更加丰富，金融惠农的政策体系更加高效，农村金融可获得性进一步提高，金融服务满意度明显提升，试验地区经济社会实现健康快速发展。

试点过程中，人民银行等部门根据各地区不同禀赋、经济水平和改革诉求，分类施策，经过建机制、扩机构、推配套、打基础、促创新、调结构等多种举措，试点地区农村金融服务明显改善。

（一）健全金融组织体系，增加金融服务有效供给

一方面，壮大农村商业金融组织体系。试点地区将引入外部机构和培育本地金融组织机构相结合，扩大金融机构大额和长期资金的供给能力，形成适度竞争的农村商业金融组织体系。一是优化环境引入增量机构，丰富农村商业金融机构。试点地区加大商业金融机构的引进和培育力度，引进了包括股份制银行、证券公司等在内的商业金融机构，并大力推动设立村镇银行、民营银行和农民创业资金互助社，个别试点地区还推动设立了农业中心和“三农”专营支行。二是推进农村金融机构的存量改革，试点地区加快推进农村信用社改革，个别地区还在农村信用社改制过程中引入民间资本，激发农村信用社经营活力。三是探索设立新型支农商业金融机构，一些地区在试点改革过程中创新设立金融租赁公司、农业租赁公司，满足农业机械化生产设施融资需求。

另一方面，设立准公益性金融服务站，便捷服务农民。注重发展普惠金融，提升农村居民的金融服务可得性和便利性，如建立多功能金融服务站点，增加ATM布放，为农民提供小额取现、转账、公用缴费等基本金融服务，并探索通过金融服务站提供更多金融服务功能，如设置自助金融一站式服务区，满足农民“投资理财、贷款创业、支付结算”等核心金融需求；在金融服务站设施中加载电子商务服务功能，为当地农民开展电子商务提供便利；等等。

（二）完善金融发展环境，配套政策措施不断健全

一是深化农村信用体系建设，改善农村金融生态。如北京市大兴区建设农民专业合作社信用评价体系，浙江省丽水市升级农村信用信息服务平台，拓展信用体系建设成果运用，黑龙江省推广“克山经验”，广泛建立县域信用信息中心，四川省成都市依托崇州农村电子商务平台，以“互联网+农村金融”模式创新推动农村信用体系建设。

二是推广非现金支付，提高农村支付结算服务质量。结算方式多样化趋势在试点地区逐步形成。粮食主产区内的粮食收购非现金结算笔数和金额大幅度增长，减少了农产品收购过程中大额现金支付和存管带来的不便，农村地区网上支付、手机支付业务量同比也呈大幅增长态势。

三是提升涉农资产流动性，扩大抵质押品范围。试点地区因地制宜，探索开展大型农机具抵押贷款、活体畜禽抵押贷款、林权抵押贷款、应收账款质押贷款、机械设备抵押贷款等业务，有效拓展抵质押品范围。

四是财政支农资金形成合力，加强风险补偿机制建设。试点地区积极增加财政支农资金投入，完善担保体系建设，以财政资金组建国有担保公司，或多层级担保组织体系。也有地区运用财政资金设立风险保证金，并对新型农业经营主体、种粮大户生产性贷款给予利息补贴。

（三）加大信贷产品创新，加快发展直接融资

以现代农业发展、新型城镇化建设、精准扶贫等重点领域为核心，加大信贷产品和服务方式创新力度，发展订单农业贷款，“企业+家庭农场”、“公司+基地+农户”等产业链融资模式，运用微贷技术创新小额信贷产品。

同时，加快发展直接融资业务。如浙江省丽水市积极参与银行间市场发行债券，并通过新三板、浙江股权交易中心等股权交易场所实施股权融资；黑龙江省建立直接债务融资重点企业培育和储备制度，支持企业利用短期融资券、中期票据、集合票据等工具实现融资。

第四部分
农村金融产品服务创新

- 农村金融服务创新政策引导
- 传统“三农”信贷服务的升级
- 农业保险市场发展及产品创新
- 涉农直接融资发展及产品创新
- “三农”金融服务的协同创新
- 利用数字技术提升“三农”金融服务的效率

一、农村金融服务创新政策引导

继《国务院办公厅关于金融服务“三农”发展的若干意见》（国办发〔2014〕17号）对推进农村金融服务创新进行全面部署之后，《国务院办公厅关于推进农村一二三产业融合发展的指导意见》（国办发〔2015〕93号）等一批重要涉农文件对金融更好服务农村改革、农业发展和农民增收提出了重点创新方向。人民银行等部门认真落实中央部署，积极引导金融机构不断创新产品和服务方式，加大对农业农村重点领域支持力度。

一是构建多层次农村金融服务体系。允许符合条件的供销合作社企业依照法定程序开展发起设立中小型银行试点，增强为农服务能力。鼓励有条件的供销合作社设立融资租赁公司、小额贷款公司、融资性担保公司。支持有条件的地区成立农业互助保险组织，扩大农业保险覆盖面。

二是支持农业适度规模经营。鼓励和支持涉农金融机构创新金融产品和服务方式，积极改善对新型农业经营主体的金融服务，推广产业链金融模式，探索开展大型农机具融资租赁试点。把新型农业经营主体纳入银行业金融机构客户评定范围，对符合条件的进行综合授信。支持新型农业经营主体利用期货、期权等衍生工具进行风险管理。鼓励开发适应新型农业经营主体需求的多档次、高保障保险产品。

三是加大对水利、现代种业、新型城镇化、绿色生态等重点领域支持。鼓励金融机构加大对水利建设项目的信贷支持，允许将水利、水电、供排水等项目收益权、资产等作为贷款抵（质）押担保物。创新面向新型城镇化的金融产品，做好与农业转移人口市民化相关的金融服务。人民银行、农业部等部门联合发布《关于做好现代种业发展金融服务的指导意见》（银发〔2016〕154号），从信贷、保险、直接融资等方面指导金融机构和保险机构加大对种业发展的支持力度。财政部、农业部联合印发《建立以绿色生态为导向的农业补贴制度改革方案》，提出到2020年，基本建成以绿色生态为导向、促进农业资源合理利用与生态环境保护的农业补贴政策体系和激励约束机制。

四是改进完善农村产权类制度改革配套金融服务。依法稳妥地开展“两权”抵押贷款试点。鼓励金融机构积极配合农村集体产权制度改革，积极探索资源性、经营性农村集体产权抵押担保贷款试点，进一步释放农村资源资产的抵押担保权能。

五是加快农业保险创新。探索开展重要农产品目标价格保险，以及收入保险、天气指数保险试点。支持地方发展特色优势农产品保险、渔业保险、设施农业保险。完善森林保险制度。探索建立农业补贴、涉农信贷、农产品期货和农业保险联动机制。积极探索农业保险保单质押贷款和农户信用保证保险。稳步扩大“保险＋期货”试点。鼓励和支持保险资金开展支农融资业务创新试点。

六是深化农业投融资体制改革，加强农业领域政府与社会资本合作。着力提高农业PPP项目投融资效率，鼓励金融机构通过债权、股权、资产支持计划等多种方式，支持农业PPP项目。鼓励金融机构加大金融产品和服务创新力度，开展投贷联动、投贷保贴一体化等投融资模式试点；探索以项目预期收益或整体资产用做贷款抵（质）押担保。

表4.1列示了农村金融服务创新部分政策措施。

表4.1　农村金融服务创新部分政策措施

文件名	文号	主要内容
《中共中央　国务院关于加大改革创新力度加快农业现代化建设的若干意见》	中发〔2015〕1号	主动适应农村实际、农业特点、农民需求，不断深化农村金融改革创新
《中共中央　国务院关于深化供销合作社综合改革的决定》	中发〔2015〕11号	有条件的供销合作社要按照社员制、封闭性原则，在不对外吸储放贷、不支付固定回报的前提下，发展农村资金互助合作；有条件的供销合作社可依法设立农村互助合作保险组织，开展互助保险业务；允许符合条件的供销合作社企业依照法定程序开展发起设立中小型银行试点，增强为农服务能力；鼓励有条件的供销合作社设立融资租赁公司、小额贷款公司、融资性担保公司，与地方财政共同出资设立担保公司
《中共中央　国务院关于落实发展新理念加快农业现代化实现全面小康目标的若干意见》	中发〔2016〕1号	加快构建多层次、广覆盖、可持续的农村金融服务体系，发展农村普惠金融，降低融资成本，全面激活农村金融服务链条；创设农产品期货品种，开展农产品期权试点；积极开发适应新型农业经营主体需求的保险品种；探索开展重要农产品目标价格保险，以及收入保险、天气指数保险试点；支持地方发展特色优势农产品保险、渔业保险、设施农业保险；完善森林保险制度；探索建立农业补贴、涉农信贷、农产品期货和农业保险联动机制；积极探索农业保险保单质押贷款和农户信用保证保险；稳步扩大“保险＋期货”试点；鼓励和支持保险资金开展支农融资业务创新试点

续表

文件名	文号	主要内容
《中共中央办公厅、国务院办公厅关于印发〈深化农村改革综合性实施方案〉的通知》	—	健全政策支持、公平准入和差异化监管制度，扩大农村金融服务规模和覆盖面，创新农村金融服务模式，全面提升农村金融服务水平；支持有条件的地区成立农业互助保险组织，扩大农业保险覆盖面，开发适合新型农业经营主体需求的保险品种，提高保障水平；深入开展农产品目标价格保险试点；研究完善农业保险大灾风险分散机制
《国务院办公厅关于加快转变农业发展方式的意见》	国办发〔2015〕59号	创新金融服务，把新型农业经营主体纳入银行业金融机构客户评定范围，对符合条件的进行综合授信；探索开展大型农机具融资租赁试点，积极推动厂房、渔船抵押和生产订单、农业保单质押等业务；支持新型农业经营主体利用期货、期权等衍生工具进行风险管理；鼓励开发适应新型农业经营主体需求的多档次、高保障保险产品，探索开展产值保险、目标价格保险等试点
《国务院办公厅关于推进农村一二三产业融合发展的指导意见》	国办发〔2015〕93号	综合运用奖励、补助、税收优惠等政策，鼓励金融机构与新型农业经营主体建立紧密合作关系，推广产业链金融模式，加大对农村产业融合发展的信贷支持；支持符合条件的涉农企业通过发行债券、资产证券化等方式融资；加强涉农信贷与保险合作，拓宽农业保险保单质押范围
《国务院办公厅关于完善支持政策促进农民持续增收的若干意见》	国办发〔2016〕87号	积极引导互联网金融、产业资本开展农村金融服务；鼓励银行业金融机构在风险可控和商业可持续的前提下扩大农业农村贷款抵押物范围
《国家发展改革委　农业部关于推进农业领域政府和社会资本合作的指导意见》	发改农经〔2016〕2574号	鼓励金融机构通过债权、股权、资产支持计划等多种方式，支持农业PPP项目；鼓励金融机构加大金融产品和服务创新力度，开展投贷联动、投贷保贴一体化等投融资模式试点；探索以项目预期收益或整体资产用作贷款抵（质）押担保
《农业部办公厅关于开展2016年度金融支农服务创新试点的通知》	农办财〔2016〕12号	鼓励开展金融支农服务创新试点，力争通过局部地区的先导性创新试验，探索总结扶持政策的有效实现方式、重点环节和主要对象，以及组织实施模式和管理制度等，为研究出台区域性或全国性重大支农政策建立项目储备，为改革完善财政支农投入机制提供参考经验，为深化农村金融改革探索路子
《中国人民银行、农业部、银监会、证监会、保监会、国家外汇局关于做好现代种业发展金融服务的指导意见》	银发〔2016〕154号	创新信贷产品，支持制种企业提高创新能力；全面做好制种业重点领域重点地区的金融服务；发展多元化渠道，拓宽种业企业融资来源

续表

文件名	文号	主要内容
《中国人民银行办公厅关于做好2015年信贷政策工作的意见》	银办发〔2015〕72号	鼓励和支持涉农金融机构创新金融产品和服务方式，积极改善对新型农业经营主体的金融服务；加大对水利建设项目的信贷支持，允许水利、水电、供排水等项目收益权、资产等作为贷款抵（质）押担保物；涉农金融机构要针对农业生产社会化服务需求的新特点，创新信贷产品和服务方式，积极支持代耕代收、统防统治、烘干储藏等农业经营性服务的发展，加大对政府公布的种子信用骨干企业和龙头企业的信贷资金支持
《中国人民银行办公厅关于做好2016年信贷政策工作的意见》	银办发〔2016〕98号	积极配合农村集体产权制度改革，积极探索资源性、经营性农村集体产权抵押担保贷款试点，进一步释放农村资源资产的抵押担保权能；切实改革完善对新型农业经营主体的金融服务，加强对农田水利等农业基础设施、高标准农田、现代种业、智能农业、农产品精深加工、订单农业、农村电商等领域的融资支持；创新面向新型城镇化的金融产品，做好与农业转移人口市民化相关的金融服务
《中国银监会办公厅关于做好2015年农村金融服务工作的通知》	银监办发〔2015〕30号	坚持以市场为导向、以需求为基础，积极创新低成本、可复制、易推广的农村金融产品和服务方式；加快建立本地化、特色化、量体裁衣式的金融产品体系，大力推广微贷技术，提高金融服务满意度，增强金融产品契合度
《中国银监会办公厅关于做好2016年农村金融服务工作的通知》	银监办发〔2016〕26号	银行业金融机构要立足“三农”需要，坚持市场导向，兼顾发展差异，积极探索低成本、可复制、易推广、量体裁衣式的农村金融产品和服务方式，大力创新“三农”服务专门机构和业务模式
《中国保监会、财政部、农业部关于进一步完善中央财政保费补贴型农业保险产品条款拟订工作的通知》	保监发〔2015〕25号	以贯彻落实国家强农惠农富农政策、维护农户权益为中心，对条款核心要素提出明确要求，开展集中修订清理；新产品大幅扩展保险责任（旱灾和地震成为必保责任），在所有财产保险产品中率先取消绝对免赔条款，提高赔付标准，并简化理赔程序

二、传统“三农”信贷服务的升级

近年来，银行业金融机构围绕“三农”重点领域和薄弱环节，不断创新产品和服务，推动实现服务“三农”水平的新提升。

（一）农业银行创新打造“三农”特色金融产品体系

农业银行针对“三农”不同产业、不同客户开展产品精准创新，不断完善“三农”

特色金融产品体系。围绕产品实用性，优化了农户大小额贷款、专业大户（家庭农场）贷款、农民专业合作社贷款、农村土地经营权抵押贷款、林权抵押贷款、农业产业链农户贷款等产品；围绕“三农”生产新要素，推出了农村土地经营权抵押贷款试点、农民住房财产权抵押贷款试点及集体经营性建设用地使用权抵押试点；围绕“三农”发展新需求，创新了农民安家贷、水利建设贷款、县域商品流通市场商户抵（质）押贷款、代理农机融资租赁业务、农机融资租赁保理业务等；围绕“互联网+”现代农业，加快“金穗惠农通”工程建设提档升级，全力打造“E农管家”农村互联网金融服务平台，推出基于大数据技术的“金穗快农贷”试点。

截至2016年末，农业银行共推出全行性“三农”特色产品43项；因地制宜推出区域性“三农”特色产品150项，已基本能够满足农民生产生活、现代农业发展、农村基础设施建设等方面的金融需求。

（二）国家开发银行支持重大农业项目建设和农业对外合作

国家开发银行积极探索创新开发性金融服务“三农”的模式和方法，支持重大农业项目建设和农业对外合作，取得良好成效。

在支持农业产业发展方面，以涉农资金整合为契机，研究探索财政资金撬动金融等社会资本支持高标准农田建设的投融资机制，重点推动河南省黄泛区农场、甘肃省甘州区、湖南省安化县、安徽省颍上县、江苏省沿海集团等高标准农田建设项目，计划涉及面积达100余万亩。积极争取专项建设基金政策倾斜。截至2016年末，全行共投放农村产业融合专项建设基金33.32亿元，安排高标准农田专项建设基金10亿元，投放高标准农田专项建设基金0.86亿元。截至2016年末，累计发放现代农业贷款2 194亿元，贷款余额732亿元，同比增长11.9%。

在发挥中长期融资优势支持水利事业发展方面，一是完成福建长泰枋洋水利枢纽、贵州夹岩水库、江苏新孟河延伸拓浚工程等重大水利工程贷款承诺及合同签订。二是配合国家发展改革委做好水利专项基金相关工作。截至2016年末，累计完成水利专项建设基金资金投放1 058亿元，其中361亿元用于支持安徽引江济淮工程、新疆阿尔塔什水利枢纽、湖北鄂北水资源配置等42项重大水利工程建设。截至2016年末，国家开发银行累计发放水利贷款8 184亿元，贷款余额4 680亿元。

在积极推进农业“走出去”和农业对外合作方面，认真落实李克强总理2015年5月访问哥伦比亚成果，务实推进项目进展。重点支持农垦及大型企业的对外农业合作，积极促进中粮农业国际并购再融资以及辽宁等企业开展白俄罗斯农业等项目，为中资企业开展农业对外合作提供全方位支持和服务。

专栏四

农业银行“农民安家贷”支持农民进城购房

近年来，随着新型城镇化进程的稳步推进，农民出于结婚、养老及子女教育等原因，在城镇尤其是中小城市和县城购房的需求不断增长，但受购房能力不足、与一般房贷条件不匹配等制约，多数家庭尚未实现“安家梦”。2016年1月，农业银行推出全国首个支持农民到城镇购买商品住房的按揭贷款产品，即“农民安家贷”。该贷款具有以下特点：

一是对象范围广。“农民安家贷”是专门为农民设计的房贷产品，贷款对象包括农民工和种养殖户在内的所有农民。

二是准入门槛低。专门设计了符合农民特点的评分标准，有效地解决了农民贷款准入难的问题。针对部分农民无法提供收入证明的难题，允许采取收入声明加银行收入流水等形式。特别是引入政府增信机制，对无法提供收入证明书且银行收入流水不充足的借款人，可由地方政府出资为主的融资担保机构，出具同意为贷款追加提供全程连带责任保证担保的增信证明作为依据。

三是还款方式活。在还款方式上，针对农民收入的季节性特点，除按月还款外，还增加了按季、半年或按年的灵活还款方式。

四是贷款定价惠。对首付款比例超过30%的贷款客户，提供更优惠的利率，并对提前还款的贷款客户免收违约金，切实让农民得到实惠。

“农民安家贷”作为农业银行在“三农”领域的重点推广产品，一经推出就受到各地农民的普遍欢迎，在助力农民提升生活质量的同时，也为房地产“去库存”和城镇化建设提供了有力支撑。目前“农民安家贷”已在全国37家分行上线，贷款余额达1 676.3亿元。

三、农业保险市场发展及产品创新

我国农业保险发展实行“政府引导、市场运作、自主自愿、协同推进”的原则，即政府通过保费补贴和税收优惠等支持政策，引导农户投保和鼓励保险机构承保。自2007年中央财政对农业保险实施保费补贴等政策以来，我国农业保险实现快速发展。2007年至2016年，我国农业保险保费收入从51.8亿元增长到417.1亿元，参保农户从4 981万户次增长到2.04亿户次，分别增长了7.1倍和3.1倍；承保农作物从2.3亿亩增加到17.2亿亩，增长了6.5倍。

（一）加强农业保险制度建设

一是规范农业保险操作流程。中国保监会印发《农业保险承保理赔管理暂行办法》，对承保、核保、查勘、定损、理赔等内控关键环节提出要求，堵塞经营管控漏洞，提高农业保险合规管理水平。二是完善农共体体制机制。农共体成员公司已由成立时的24家增加到32家，提供承保能力超过3 000亿元，有效确保农险再保渠道稳定。三是启动全国农业保险信息管理平台建设，初步实现全国范围内种植业保险保单级数据的大集中，大幅提升农业保险信息化管理水平。四是深化农业保险产品改革。针对各方反映较强烈的农业保险产品保险责任窄、保障水平低、理赔条件严苛等问题，保监会、财政部、农业部印发《关于进一步完善中央财政保费补贴型农业保险产品条款拟订工作的通知》，对条款核心要素提出明确要求，并开展集中修订清理。

（二）拓展覆盖面和服务网络

目前，农业保险在开办区域上已覆盖全国所有省（自治区、直辖市）。玉米、水稻、小麦三大口粮作物平均承保覆盖率超过70%。承保农作物品种超过189种，基本覆盖农、林、牧、渔各个领域。开办区域已覆盖全国所有省份。经营主体从2007年的6家增加到31家，多数省份已有3家以上的经办机构，初步形成适度竞争的市场格局。已建成农业保险基层服务网点36.37万个，保险协办员45.55万人。农业保险服务点乡镇覆盖率达93%，村级覆盖率达48%。我国已成为全球第二、亚洲第一大农业保险市场。

（三）积极支持产品创新

一是地方特色优势农产品保险品种不断涌现。2016年，共备案地方特色优势农产品保险821个，包括中药材、茶叶、葡萄、枇杷、火龙果、石榴、果树、烤烟等多个地方特色优势品种。二是大力发展价格保险，实现保障水平从保自然风险向保市场风险扩展，协助解决基本生活品价格大幅波动导致的“菜贱伤农、菜贵伤民”的问题。三是探索出农业保险与无害化处理相结合的浙江“龙游模式”、河南“济源模式”，通过保险机制引导养殖户主动进行无害化处理，防止病死畜禽流入市场，维护社会食品安全。

目前，农业保险成为农村经济社会发展的“稳定器”和“助推器”。2007年至2016年，农业保险提供风险保障从1 720亿元增加到2.16万亿元，共计向2.4亿户次农户支付赔款1 544亿元。2016年，农业保险保险金额达2.16万亿元，约占农业国民生产总值的34%，共支付赔款348亿元，保险赔款已成为农民灾后恢复生产和灾区重建的重要资金来源。2016年，中央财政保费补贴约158.30亿元，撬动风险保障2.16万亿元，杠杆效应近133倍。农业保险“稳定器”和“助推器”的作用得到充分体现。

专栏五

保险产品创新点多面广

近年来，在中国保监会的大力支持和引导下，保险产品创新持续“升温”，呈现点多面广的特点。

一是农产品价格保险试点范围进一步扩大。截至2016年12月底，已有31个省（市）启动或制订了试点方案。试点品种由2015年的19个大幅增加至生猪、蔬菜、粮食作物、特色农产品等四大类共计50余个品种，除生猪、蔬菜等传统品种外，水产品、畜禽、水果、糖料蔗和中药材等地方特色品种价格保险试点迅速增加。例如，安华农险在北京市房山区等多个区（县）创新试点推出多保险期间、多元化赔偿方式、多维度保障方式的生猪价格保险。累计承保生猪70余万头，支付赔款6 300余万元，为扩大生猪生产、平抑猪肉价格、稳定首都农产品市场的生猪供给提供了有效保障。

二是天气指数类产品不断涌现。从新疆、河南、黑龙江等粮食主产区的大宗粮食作物向茶叶、枇杷、芒果等地方特色产品过渡，承保品种不断丰富。保障程度也从单维度的旱灾、风灾、低温向多维度综合气象指数转变。例如，中煤财险在山西省昔阳县、洪洞县开展玉米种植业气象指数综合保险试点，共为13.27万农户、49.59万亩玉米提供风险保障1.29亿元，向64 376户受灾农户支付赔款588.87万元。

三是开发扶贫专属产品。在河北、广西、甘肃、贵州等多个集中连片贫困地区和脱贫攻坚重点地区推出各种价格低廉、责任广泛、保障全面的扶贫专用产品，为精准扶贫搭建起一道人工屏障。如2015年阜平县创新推动“联办共保”农业保险经营模式，在全国首创大枣、核桃、肉牛、肉羊成本价格损失保险，连同成本损失、价格波动提供风险保障，为农业产业快速发展兜住了风险底线。

四是收入保险试点成效初显。收入保险作为价格保险的“升级版”产品，已在全国14个省（市）进行试点探索，品种涵盖水稻、小麦、玉米等主要粮食作物和苹果、棉花等多个农产品，在保障农产品损失风险的同时，也保障了市场价格的下跌风险。例如，中华财险在新疆生产建设兵团试点开展棉花收入保险，以棉花的减产和价格波动作为保险责任，既保障了棉农的生产风险，又保障了市场风险，为50余户棉农的1 500亩棉花提供风险保障315万元，较中央财政补贴型棉花种植保险的保障程度提升了75%。

四、涉农直接融资发展及产品创新

近年来，中国人民银行、中国证监会、国家发展改革委等部门积极发挥股票、债券市场的融资功能，拓宽农村金融市场的多元化融资渠道，促进农村金融融资模式由间接融资向直接融资扩展。

（一）股票基金市场服务“三农”情况

1. 首发、再融资方面。2015年1月1日至2016年12月31日，共有仙坛股份、众兴菌业、雪榕生物、宏辉果蔬等4家农业企业实现首次公开发行股票并上市，融资16.35亿元；共有金字火腿、新五丰等33家农业企业完成再融资，融资331.38亿元。

2. 新三板方面。截至2016年12月31日，新三板挂牌的涉农企业累计达386家。上述企业2016年共完成101次股票定向发行，累计融资39.54亿元；完成9次收购，涉及金额总计3.48亿元；完成1次重大资产重组，涉及金额3.01亿元。

3. 私募基金方面。截至2016年底，基金业协会已投资未推出项目投资余额594亿元。

（二）期货市场服务“三农”情况

经过多年的培育和发展，我国农产品期货市场已逐步成长为品种覆盖广泛、市场规模较大、具有一定国际影响力的期货市场。目前，我国已上市21个农产品期货品种，覆盖了粮、棉、油、糖、林木、禽蛋等主要大宗农产品领域，在谷物、油脂油料等领域还形成了较为完整的品种序列，在稳定农业生产、助推农业现代化建设和促进农产品价格形成机制改革等方面发挥了积极作用。证监会目前正在推进豆粕、白糖期权和棉纱期货上市准备工作，进一步扩展服务现代农业的方式和渠道。

期货交易所开展系统化、多层次的投资者教育和信息服务。郑州商品交易所坚持以点带面、点面结合，以农业龙头企业为抓手，持续开展涉农企业创新利用期货市场的“点基地”建设。目前，已培育和发展包括粮、棉、油、糖等品种在内的“点基地”115家，覆盖20个农业省份。大连商品交易所面向种粮大户、合作社、农场、涉农企业等，持续开展了期货期权知识培训和信息服务，通过手机短信等渠道，每周两次为1 500个种粮大户等涉农主体提供免费信息服务。

期货经营机构深化服务“三农”工作，提高服务质量和效率。对农村基层组织、农民专业合作社、种粮大户、农户等涉农主体开展期货套期保值培训。为涉农企业提供合作套保、仓单质押、仓单回购等专业化服务。通过场外期权、基差贸易等经营模式创新，为涉农企业提供个性化的风险管理服务。

（三）债券市场服务“三农”情况

交易所市场方面。2015年1月，中国证监会修订发布《公司债券发行与交易管理办法》，按照简政放权、放管结合的原则推进交易所债券市场改革发展，积极推动涉农企业在交易所市场发行债券融资。2016年全年，涉农企业共发行48只债券，融资344.1亿元；发行涉农资产支持证券2只，融资7亿元。

银行间市场方面，截至2016年末，累计有396家涉农企业（包括农林牧渔业、农产品加工业）发行1 101只、10 928.9亿元债务融资工具（见表4.2），品种包括中期票据、短期融资券、超短期融资券、非公开定向融资工具等多种产品。由于债券发行利率对市场变化和市场预期反应灵敏，省去了“通道”、“过桥”等不必要的中间环节，融资链条显著缩短，债券融资成为目前企业低成本的融资方式。同信用等级的企业，发债的成本比贷款要低约2个百分点。截至2016年12月末，涉农企业债务融资工具存量约5 200亿元，每年可为涉农企业节约融资成本100多亿元。2015年以来，银行间市场推出的取消超短期融资券主体评级等前置标准、永续票据、项目收益票据、资产支持票据等创新举措，进一步便利了涉农企业融资。2016年，涉农企业发行债务融资工具1 697.4亿元，继续保持稳定增长态势。

表4.2　截至2016年末涉农企业债务融资工具累计发行数及余额

单位：家、只、亿元

发行品种	发行规模	发行家数	发行只数	期末余额
短期融资券（CP）	3 944.6	149	515	628.1
中期票据（MTN）	3 214.9	94	250	2 466.4
超短期融资券（SCP）	3 200.2	44	189	1 694.7
非公开定向融资工具——一年期以内（PPN-CP）	245	20	62	96
非公开定向融资工具——一年期以内（PPN-MTN）	287.4	27	47	259.4
中小企业集合票据（SMECN Ⅰ）	25.2	45	25	0
中小企业区域集优（SMECN Ⅱ）	11.6	17	13	0
合计	10 928.9	396	1 101	5 144.6

资料来源：NAFMII整理。

专栏六

债务融资工具市场创新助力顺鑫农业“去杠杆、降成本”

北京顺鑫农业股份有限公司（简称顺鑫农业）是首批农业产业化国家重点龙头企业。近年来受益于债务融资工具产品创新，顺鑫农业债券融资增加，融资成本下降，融资结构不断优化。

截至2016年末，顺鑫农业累计在银行间市场发行债务融资工具22只，共计112亿元。其中，短期融资券（CP）12只，共计49亿元；中期票据（MTN）2只，共计20亿元；定向债务融资工具（PPN）4只，共计13亿元；超短期融资券（SCP）4只，共计30亿元。债务融资工具市场有力地支持了顺鑫农业“去杠杆、降成本”。

一是多样化产品满足企业多元化融资需求。债务融资工具市场为企业提供的多种融资工具，满足企业在不同发展阶段、不同用途的融资需求。顺鑫农业在银行间市场已发行SCP、CP、MTN、永续票据等多类债务融资工具品种，适应自身补充短期流动资金、中长期投资支出等各类融资需求，为企业可持续发展注入了充足动力。

二是创新永续票据助力企业“去杠杆”。2016年9月26日，顺鑫农业发行10亿元永续票据，因为该产品可计入权益，本次发行不仅为企业提供所需资金，还能调节企业资产负债情况，在满足企业融资需求的前提下，有效降低了企业的负债水平。以企业2016年6月末资产负债率65.4%估算，10亿元永续票据发行完毕后，企业资产负债率可下降至61.7%，降幅达3.7个百分点。

三是融资结构优化支持企业“降成本”。近年来，顺鑫农业依托债务融资工具市场不断提升直接融资比重，财务结构不断优化，融资成本节约显著。2013—2016年，企业直接债务余额占有息债务余额的比重分别为12.2%、16.8%、47.2%和63.4%。按照债务融资工具发行利率与贷款利率平均120bps利差估算，相较于传统贷款融资渠道，债务融资工具市场已为顺鑫农业节省融资成本达1.3亿元，在满足企业资金需求的同时，充分缓解了企业的资金成本压力。

五、“三农”金融服务的协同创新

（一）“保险+期货”模式快速发展

在中央部署下，在2015年试点基础上，2016年“保险+期货”试点稳步扩大。大连商品交易所以玉米和大豆为试点品种，支持开展了12个试点项目。郑州商品交易所也首次启动了“保险+期货”试点，并选择棉花和白糖作为试点品种，确定了10个试点项目，涵盖了8个省（区）。目前“保险+期货”试点已在12个省份启动，涉及玉米、大豆、棉花、鸡蛋、白糖等5个品种，基本涵盖了期货市场的所有农产品。针对复杂多变的农产品价格风险，“保险+期货”提供了分散和管理风险的新模式。

（二）积极引入服务“三农”新型金融工具

商业银行在提供传统信贷服务的同时，综合运用产业基金、金融租赁、资产证券化、债券承销等手段，为客户提供多元化融资解决方案。如农业银行内蒙古自治区分行与地方政府合作，发起设立多只“美丽乡村”建设基金，农业银行理财资金投入规模达到212亿元，有力地支持了当地乡村基础设施建设。选择新疆、吉林、广西等省（区）开展农机租赁业务，目前租赁资产余额已超3亿元。邀请重点农业龙头企业集中召开上市推介会，为农业龙头企业上市融资提供顾问服务。

（三）深化多元合作创新服务模式

一是深化银政合作。如中国邮政储蓄银行江西省分行与江西省农工委合作推出“财政惠农信贷通”产品、农业银行江苏省分行与江苏省财政、省农委合作推出的“金农贷”产品，有力地支持了当地特色产业发展和新型农业经营主体，取得了良好的效果。二是深化银企合作。在为龙头企业提供综合金融服务的同时，通过龙头企业的推荐、担保和资金的封闭管理，批量营销上下游农户。实现对特色农业产业链上经营主体的金融服务全覆盖的模式。三是深化银保、银担合作，开发“信贷+保险”、“信贷+担保”等产品。

专栏七

“保险+期货”项目实施案例

“保险+期货”模式的基本原理是：保险公司基于期货市场上相应的农产品期货价格（或现货价格），开发农产品价格险；农民或农业企业通过购买保险公司的农产品价格险，确保收益；保险公司通过购买期货公司风险管理子公司的场外期权产品进行再保险，以对冲农产品价格下降可能带来的风险；期货公司风险管理子公司在期货交易所进行相应的套期保值操作，进一步分散风险，最终形成风险分散、各方受益的闭环。在此过程中，期货市场起到了重要的作用：一是提供了参与方均接受的公开透明的价格体系，二是为模式对冲环节提供了有利场所。

2015年8月14日，大连商品交易所联合中国人民财产保险股份有限公司（简称人保财险公司）、新湖期货子公司——新湖瑞丰和锦州义县桂勇玉米种植专业合作社、义县华茂谷物种植专业合作社（以下简称合作社），签订了玉米价格保险合同。该试点的具体做法如图4.1所示，其过程可分为以下几个阶段。

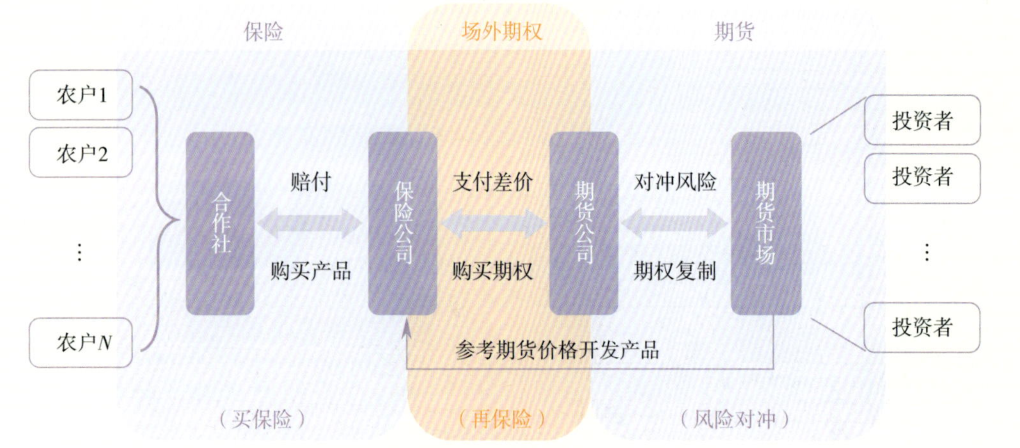

图4.1 “保险+期货”试点操作流程

第一阶段，即“买保险”阶段。保险公司基于期货市场上相应的农产品期货价格，开发一系列农产品价格保险产品，由保险公司承担价格变化的风险。农民通过合作社为获取稳定收益，为1 000吨玉米购买了保险公司的农产品价格险产品，通过支付115.8元/吨的保费，保证最终玉米能够卖上2 160元/吨的价格，到期时期货价格若低于2 160元/吨的部分由保险公司负责补齐。

第二阶段，即“再保险”阶段。由于目前场内期权尚未上市，只能通过场外期权来解决，保险公司通过支付96.6元/吨的权利金，购买了期货公司风险管理子公司提供的场外看跌期权产品，以确保到期时期货价格若低于2 160元/吨时能够得到风险管理子公司的赔付，从而为其1 000吨玉米的价格险产品实现了“再保险”。此时，风险由保险公司转移至期货公司风险管理子公司。

第三阶段，即“风险对冲”阶段。期货公司风险管理子公司为转移和化解价格波动风险，利用其专业操作优势在期货市场进行相应看跌期权复制，在期货市场实现风险对冲，使风险最终由期货市场的投资者承担。

在该试点项目最终赔付中，由于到期时期货价格低于目标价格，合作社得到人保财险公司赔付的24.14万元，抵扣保费支出，合作社最终获利12.56万元；人保财险公司购买场外期权实现了风险对冲，最终获利1.92万元；永安期货公司期权权利金收入与期货市场对冲亏损相抵扣后，实际盈利1.2万元。该项目最终实现了各参与主体共同收益、多方共赢。

“保险+期货”模式为解决国家农产品价格补贴问题提供了新的方式和途径，为广大农户免受农产品市场波动造成的收入减少提供了风险保障，同时也为保险机构规避价格保险带来的经营风险提供了“再保险”功能。

六、利用数字技术提升“三农”金融服务的效率

一方面，传统金融机构积极利用互联网等现代科技手段，提升“三农”金融服务的效率和水平。中国邮政储蓄银行在全国首家试点开展农村手机金融服务，大力推广移动展业，通过电子银行渠道改善农村地区金融服务水平。截至2016年末，中国邮政储蓄银行县及县以下地区个人网银结存客户数近8 291万户，本年交易金额8 936亿元；县及县以下地区电话银行结存客户数6 777万户，本年累计交易金额9.63亿元。不断推进信贷工厂的作业模式，将小额贷款业务由劳动密集型向科技密集型转变，与“邮乐网”合作推出的“邮掌柜”贷款产品实现了自动授信和自动审批的全流程线上化操作，极大地简便了客户申请使用贷款的流程。截至2016年12月底，已经在全国范围进行推广，累计授信客户2 000户，金额7 626万元。农业银行湖北省分行围绕“E农管家”，打造了链接“生产商+批发商+农家店+农户”四级客户的农村金融“互联网+”平台，打通了工业品下乡、农产品进城的“最后一公里”，构建了集电商、金融、消费、结算于一体的县域互联网金融生态圈。

另一方面，新兴互联网金融服务商利用大数据征信等技术优势，积极开发“三农”、小微融资市场。如蚂蚁微贷利用互联网技术，将小微企业在网络平台上产生的现金流、信用记录、交易状况等指标信息与外部数据加以匹配，通过大数据信用评估模型最终形成贷款的评价标准，实现了纯信用贷款、全程零人工接入，最快1秒钟可获得贷款。京东金融以数字技术为基础，面向小微企业开发了“京保贝”、“京小贷”等基于数据风控的信贷产品。宜信通过“宜农贷”平台与农村小额信贷机构合作，向贫困地区

农户发放小额贷款。

专栏八

农业银行湖北省分行积极打造“E农管家”服务“三农”新模式

农业银行的“E农管家”电商平台是“城乡电商+物流+金融”的闭环服务体系。2015年以来，农业银行湖北省分行立足“E农管家”，结合当地实际，不断打造互联网金融服务“三农”的新模式。截至2016年底，农业银行湖北省分行“E农管家”已上线商户超过12万户，全年实现交易259万笔，交易金额达598亿元。

一、围绕商品流通市场，打造“三个圈层”服务模式

白沙洲市场是中国农产品交易有限公司旗下最大的农产品批发市场，年交易额240亿元。近年来，该市场已由传统的租售管理模式向电商服务模式转变，农业银行湖北省分行主动将“E农管家”与农产品交易公司的电商平台对接，帮助白沙洲市场打造工业品下乡、农产品进城的全程供应链。

一是信贷融资服务圈层。全方位满足市场产业链各个环节优质客户的融资需求，包括为市场投资、运营方提供融资服务，支持市场升级改造；为市场内商户提供融资服务，帮助购买或租赁商铺，支持扩大购销业务和经营规模；为市场上游种养殖户提供融资服务，支持新型农业主体发展；为市场下游经销商提供融资服务，解决农副产品采购资金需要；等等。

二是支付结算服务圈层。运用“E农管家”农商友平台，全面管理白沙洲市场商户的农产品交易信息、物流信息、线上线下支付结算。开通联名卡用于上游供货商、市场商户、下游采购商在市场买卖交易、消费结算和缴纳进场费、场租费、物业费、水电费。通过POS机、MIS、现金管理平台等电子银行产品和结算类产品，为市场提供安全、快捷的支付结算服务。

三是延伸综合金融服务圈层。以市场各类交易数据为依托，通过平台大数据分析，对市场商户及上下游链上客户的金融需求进行分类，对接相关金融产品，为其提供包括贷款融资、代收代付、投资理财、私人银行、农民进城购房等综合金融服务。

目前，农业银行湖北省分行已对白沙洲市场累计发放贷款2.1亿元，贷款余额6 100万元；在市场内布放POS机800余台，交易笔数13万笔，交易额36亿元，日交易额突破1 700万元；为市场商户开立个体户对公结算账户30户，开立联名卡3 644张、商惠通卡252张；办理个人网银1 388户、掌上银行1 256户、电话银行506户、快E付2 999户。

二、围绕农产品产业链，打造三大网络金融服务模式

一是打造“县域集群批发商+农家店+农户”的集群商户网络金融服务模式。通过对农家店开展分片辅导，拓展链接上游县域主流批发商，加快农家店的推广升级。通过走访县域市场商会和梳理分析农家店进货单，寻找县级龙头批发商，实现重点商户的名单制营销。目前农业银行湖北省分行已营销上线560户省域大型供货商、2 000多户县域批发商。

二是打造“市（县）专业市场批发商+农家店+经销商+农户”的专业市场网络金融服务模式。这种模式适用于农批、副食、日用、建材、服装、家具、纺织等各类专业批发市场。目前“E农管家”已上线湖北省内33个大型批发市场，市场商户达2 200余户，交易额达172亿元。

三是打造“物流园批发商+农家店+农户及其他农村生产经营主体”的物流园区网络金融服务模式。这种模式旨在为物流园区提供“工业品下乡+农产品进城+在线融资”的全功能服务，实现物流配送、商品仓储、农产品收购等统一管理，下游农家店客户共享、物流车共享。2016年1月“E农管家”在潜江廿佳物流园上线以来，已有59家龙头批发商，2 600多户下游农家店及种养大户加入，截至12月末交易额已达4.2亿元。

第五部分
金融扶贫政策与成效

- 国家扶贫开发政策措施
- 金融扶贫政策措施
- 金融扶贫实践与成效

党中央高度重视扶贫工作，把扶贫开发作为全面建设小康社会的最艰巨任务和最突出短板，纳入到“五位一体”的总体布局和“四个全面”的战略布局中，作出到2020年打赢脱贫攻坚战的重大决定。“一行三会”加强金融政策指导，改进完善金融服务，努力为打赢脱贫攻坚战提供强有力支撑。

一、国家扶贫开发政策措施

2015年，党中央召开扶贫工作会议，随后印发了《中共中央　国务院关于打赢脱贫攻坚战的决定》（以下简称《决定》），对脱贫攻坚战作出全面部署。按照精准扶贫、精准脱贫的基本方略，脱贫攻坚中101项具体任务逐一分解落实到32个牵头部门和77个参与部门。各部门积极响应、主动作为，截至2016年11月底，共出台了111个政策文件和实施方案，涵盖十大扶贫行动和十大扶贫工程。①

这些政策措施，既有“加强版”、“升级版”，也有“创新版”，对扶贫工作中的很多“老大难”问题都拿出了有针对性的措施，形成了较完备的精准扶贫政策体系。上述政策作为超常规的举措，含金量高，在五大方面体现明显。

一是财政投入加大。2016年中央财政专项扶贫资金增加到670亿元，比2015年增长43.4%；省级财政专项扶贫资金预算达到400多亿元，比2015年增加50%以上。中央和省级财政专项扶贫资金投入首次超过1 000亿元。“十三五”时期，国家将向省级扶贫开发投融资主体注入约2 500亿元资本金，用于易地扶贫搬迁。

二是金融支持加大。金融扶贫对贫困地区和贫困群众发展产业脱贫增收至关重要。《决定》提出了金融支持脱贫攻坚的一揽子政策，其中扶贫小额信贷实现了免抵押免担保、基准利率放贷；扶贫再贷款政策正式出台，作为扶贫领域专属的货币政策工具；金融债也已正式发行。

三是土地政策强化。《决定》规定，支持贫困地区调整完善土地利用总体规划。扶贫开发项目用地、新增建设用地计划指标优先保障、专项安排。土地整治项目资金优先

① 十大扶贫行动包括：教育扶贫行动、健康扶贫行动、金融扶贫行动、交通扶贫行动、水利扶贫行动、劳务协作对接行动、危房改造和人居环境改善扶贫行动、科技扶贫行动、中央企业百县万村帮扶行动、民营企业万企帮万村行动；十大扶贫工程包括：整村推进工程、职业教育培训工程、扶贫小额信贷工程、易地扶贫搬迁工程、电商扶贫工程、旅游扶贫工程、光伏扶贫工程、构树扶贫工程、贫困村创业致富带头人培训工程、扶贫龙头企业带动工程。

向贫困地区倾斜。贫困县开展易地扶贫搬迁，城乡建设用地增减挂钩指标允许在省域范围内使用。在有条件的贫困地区，优先开展土地开发利用试点。

四是社会广泛参与。社会扶贫始终是我国扶贫开发的重要组成部分，是我国政治优势和制度优势的重要体现。目前社会扶贫初步形成了三个方面的基本框架。其一是东西部扶贫协作，东部地区对口帮扶西部地区。目前，东部共有9个省（市）和9个大城市对口帮扶西部10个省（区、市），以及对口支援西藏、新疆和四省藏区。其二是定点扶贫，各级党政机关、国有企事业单位帮扶贫困县或贫困村。目前，中央层面共有320个单位帮扶592个重点县。其三是军队和武警部队扶贫，目前全军和武警部队已在地方建立了2.6万多个扶贫联系点。这三项工作一直在社会扶贫中发挥着示范引领作用。下一步推进社会扶贫工作的重点是动员民营企业、社会组织、公民个人扶贫。

五是创造良好氛围。按照《决定》要求，逐步发展创新中国特色扶贫开发理论，提炼升华精准扶贫、精准脱贫的实践成果，不断加强贫困地区乡风文明建设，扎实做好脱贫攻坚宣传工作，建立了国家扶贫荣誉制度，在2016年国家扶贫日召开了“全国脱贫攻坚奖表彰大会”，共有38人分获奋进奖、贡献奖、奉献奖和创新奖。

二、金融扶贫政策措施

2016年3月，人民银行会同国家发展改革委、财政部、银监会、证监会、保监会、扶贫办联合印发《关于金融助推脱贫攻坚的实施意见》（银发〔2016〕84号），明确了新形势下金融助推脱贫攻坚的总体要求、目标任务和重点工作。银监会、证监会、保监会分别印发《中国银监会关于银行业金融机构积极投入脱贫攻坚战的指导意见》（银监发〔2016〕9号）、《中国证监会关于发挥资本市场作用服务国家脱贫攻坚战略的意见》（证监会公告〔2016〕19号）、《中国保监会　国务院扶贫开发领导小组办公室关于做好保险业助推脱贫攻坚工作的意见》（保监发〔2016〕44号），围绕精准扶贫、精准脱贫战略目标在各自领域作出部署。人民银行相继组织召开全国金融助推脱贫攻坚电视电话会议、银行系统金融扶贫工作座谈会、推进金融精准扶贫现场会等，专门布置和积极推进金融扶贫工作。

（一）创新政策工具

人民银行在832个国定贫困县和未纳入上述范围的省级扶贫开发工作重点县设立扶贫再贷款，实行比支农再贷款更为优惠的利率，要求金融机构将扶贫再贷款优先用于支持建档立卡贫困户和带动贫困户就业发展的企业、农村合作社。创新设立易地扶贫搬迁专项金融债券，促进易地扶贫搬迁建设顺利开展。

（二）创新金融扶贫专门组织架构

2016年4月，银监会批复同意国家开发银行、农业发展银行设立扶贫金融事业部，支持其统筹协调扶贫开发金融服务工作，重点支持精准扶贫方略实施和贫困地区基础设施建设等领域，有效提升金融扶贫专业化水平。保监会积极推动行业成立中国保险业产业扶贫投资基金和中国保险业公益扶贫基金，鼓励支持行业发挥保险资金长期优势，助推贫困地区产业脱贫。

（三）支持贫困地区企业利用多层次资本市场融资

证监会对注册地和主要生产经营地均在贫困地区且开展生产经营满三年、缴纳所得税满三年的企业，或者注册地在贫困地区、最近一年在贫困地区缴纳所得税不低于2 000万元且承诺上市后三年内不变更注册地的企业，申请首次公开发行股票并上市的，适用“即报即审、审过即发”政策；对注册地在贫困地区的企业申请在全国中小企业股份转让系统挂牌的，实行“专人对接、专项审核”，适用“即报即审、审过即挂”政策，减免挂牌初费；对注册地在贫困地区的企业发行公司债、资产支持证券的，实行“专人对接、专项审核”，适用“即报即审”政策。

为加大对民族自治地区企业发展的支持，2015年4月8日，全国中小企业股份转让系统出台了《关于暂免征收民族自治地区挂牌公司挂牌费用的公告》（股转系统公告〔2015〕30号）。自2015年1月1日起，全国中小企业股份转让系统暂免征收注册在内蒙古、广西、西藏、宁夏和新疆5个民族自治地区的挂牌公司挂牌费用（包括挂牌初费和挂牌年费）。截至2016年12月31日，5个民族自治地区已有282家公司成功挂牌。为贯彻落实党中央关于做好新时期西藏工作的指导方针，2015年3月，证监会提出了8项支持西藏发展的措施，对符合条件的西藏企业建立“绿色通道”，实施“即报即审、即审即发”政策，全面落实西藏企业到新三板挂牌“即报即审、即审即挂”政策，对挂牌初费和年费予以全免。同时，积极推进金融扶贫，支持贫困地区企业发行公司债、资产支持证券，开辟审核绿色通道，实行“即报即审”。

（四）建立金融精准扶贫信息共享机制

2016年5月，人民银行会同国务院扶贫办、银监会、证监会、保监会等部门联合印发《关于加强金融精准扶贫信息对接共享工作的指导意见》（银发〔2016〕155号），推动建立金融扶贫信息与扶贫基础信息对接共享机制。2016年6月，人民银行印发《中国人民银行关于推广试用金融精准扶贫信息系统有关事宜的通知》（银发〔2016〕184号）和《中国人民银行关于建立金融精准扶贫贷款专项统计制度的通知》（银发〔2016〕185号），按照精准穿透原则，开始在全国推广试用“金融精准扶贫信息系统”，精准采集和动态监测个人、产业和项目逐笔扶贫贷款信息。目前，信息系统已在全国28个省份推广，扶贫贷款信息采集、报送和数据汇总工作已经完成，全国1 876家金融机构累计通过信息系统完成5 464万笔逐笔扶贫贷款信息录入。

（五）加强金融与财税政策协调配合

推动各地有效整合各类财政涉农资金，充分发挥财政政策对金融资源的支持和引导作用，继续落实农户小额贷款税收优惠、涉农贷款增量奖励、农村金融机构定向费用补贴、农业保险保费补贴等政策，健全和完善贫困地区农村金融服务的正向激励机制，引导更多金融资源投向贫困地区。推动建立健全贫困地区融资风险分担和补偿机制，支持有条件的地方设立扶贫贷款风险补偿基金和担保基金，专项用于建档立卡贫困户贷款以及带动贫困人口就业的各类扶贫经济组织贷款风险补偿。

专栏九

中国人民银行设立扶贫再贷款

为贯彻落实党中央关于打赢脱贫攻坚战的部署，鼓励和引导金融机构加大对扶贫开发的支持力度，2016年3月，中国人民银行印发《关于开办扶贫再贷款业务的通知》（银发〔2016〕91号），正式开办扶贫再贷款业务，实行比支农再贷款更优惠的利率，引导地方法人金融机构扩大对贫困地区信贷投放，降低贫困地区社会融资成本，为打赢脱贫攻坚战提供有力的金融支持。2016年6月，中国人民银行印发《中国人民银行扶贫再贷款管理细则》（银发〔2016〕173号），进一步细化扶贫再贷款管理，明确扶贫再贷款发放条件和程序、投向用途、利率水平、使用期限、监督管理、政策效果评估等，助推实现脱贫攻坚目标。

一、发放对象

为提高金融助推脱贫攻坚政策效果，中国人民银行将扶贫再贷款的发放范围由连片特困地区、国家扶贫开发工作重点县共832个贫困县扩大为包括未纳入上述范围的411个省级扶贫开发工作重点县在内的1 243个贫困县。发放对象是上述贫困县行政区域内的农村商业银行、农村合作银行、农村信用社和村镇银行等4类地方法人金融机构。

二、支持重点

为增强金融支持脱贫攻坚的精准性，地方法人金融机构应将借用的扶贫再贷款资金全部用于发放贫困地区贷款，优先和主要支持带动贫困户就业发展的企业（含家庭农场、专业大户、农民合作社等经济主体，下同）和建档立卡贫困户，积极推动贫困地区发展特色产业和贫困人口创业就业。

三、利率水平

扶贫再贷款实行比原来贫困地区支农再贷款更为优惠的利率，目前为3个月1.45%、6个月1.65%、1年期1.75%。中国人民银行将结合货币政策调控需要和金融助推脱贫攻坚实际情况，适时调整扶贫再贷款利率。地方法人金融机构运用扶贫再贷款资金发放的贷款利率不得超过中国人民银行公布的一年以内（含一年）贷款基准利率。

四、使用期限

为了给贫困地区地方法人金融机构提供期限较长的资金来源，单笔扶贫再贷款展期次数累计可达到4次，比现行的支农再贷款展期次数多2次，从而使扶贫再贷款的实际使用期限最长达到5年。

五、资金性质

扶贫再贷款是中国人民银行为支持贫困地区地方法人金融机构扩大信贷投放提供的流动性支持。通过发挥扶贫再贷款的杠杆撬动作用，引导贫困地区地方法人金融机构扩大贫困地区信贷贷款。但不能将扶贫再贷款资金等同于财政资金。贫困地区地方法人金融机构必须坚持商业可持续原则，自主经营，自担风险，运用扶贫再贷款资金发放贫困地区贷款，并按照合同约定偿还扶贫再贷款本金和利息。

中国人民银行切实加强扶贫再贷款管理，合理安排扶贫再贷款额度，紧密结合运用扶贫再贷款发放贷款的台账，按季度实施扶贫再贷款政策效果评估，加大对政策效果良好的贫困地区和地方法人金融机构扶贫再贷款支持力度，引导扩大贫困地区金融助推脱贫攻坚信贷投放。

目前，扶贫再贷款政策实施进展顺利，引导提高金融助推脱贫攻坚取得初步成效。截至2016年末，全国扶贫再贷款余额为1 127亿元。

专栏十

金融精准扶贫贷款专项统计制度

中国人民银行认真贯彻落实党中央、国务院关于扶贫攻坚的决策部署，积极牵头和协同推进金融精准扶贫工作，深入谋划从制度层面夯实金融精准扶贫信息基础。2016年7月初，印发实施《中国人民银行关于建立金融精准扶贫贷款专项统计制度的通知》（银发〔2016〕185号）。金融精准扶贫贷款专项统计制度从设计理念上突出了“精准”、“穿透”、“动态”功能，构建了金融精准扶贫信贷政策核心指标体系，将为相关的政策效果评估工作提供重要参考。

一是贯彻“四个精准”，实现对金融精准扶贫贷款的准确界定。即以“五个一批”工程为“精准核心”，紧密围绕党中央、国务院提出的精准扶贫着力点设计制度框架，体现金融精准扶贫的政策路径；以建档立卡贫困人口为“精准目标”，根据国务院扶贫办核定的国家级贫困县、贫困村划定聚焦范围，体现金融精准扶贫贷款的投放特点；以政策标识和需求为“精准依据”，制定金融精准扶贫贷款识别标准，落实金融精准扶贫政策要求；以大数据理念打通并关联金融机构的台账、信贷和客户信息，从海量信贷数据中提取扶贫信息，实现“精准识别”。

二是体现“三个穿透”，展示从金融精准扶贫贷款到建档立卡贫困人口的传导效果。专项统计不仅实现贷款主体统计，同时也实现对贷款带动和服务对象的识别统计。即不仅统计贫困人口所获得的贷款，也统计获得金融机构信贷支持的贫困人口数；不仅统计扶贫主体为发展产业所获得的贷款，也统计获得贷款后发挥扶贫带动作用所对应的贫困人口数；不仅统计扶贫项目所获得的贷款，也统计扶贫项目获得贷款后所服务的贫困人口数。

三是实现“动态跟踪”，持续动态反映扶贫对象所获得的信贷支持情况。鉴于贫困人口和贫困地区将处于动态缩减过程，专项统计首先根据国务院扶贫办核定的贫困人口和贫困地区名单进行动态调整，确定金融精准扶贫贷款的范围，以适应国家精准扶贫台账有进有出的管理要求；其次，以国务院扶贫办核定的已脱贫人口为依据，将已脱贫人口贷款作为重要参考指标进行统计，适应国家扶贫相关政策延续性的要求。

制度印发后，人民银行精心组织、周密部署，指导和督促各金融机构抓好落实。2016年10月17日，时值第三个国家扶贫日，人民银行召开全国范围的电视电话会议，进一步动员和部署报数冲刺阶段和下一步重点工作，切实推动制度全面深入落实。随着制度进入扎实稳定运行阶段，金融精准扶贫贷款专项统计将在金融精准扶贫工作中发挥重要的基础信息支持作用。

三、金融扶贫实践与成效

各金融机构积极落实各项扶贫政策措施，扶贫工作机制基本建立，贫困村基础金融服务覆盖面逐步提升，结合贫困地区实际和自身业务特点，探索创新多种金融扶贫方式方法，提高了建档立卡贫困户金融服务的可得性和获得感。

（一）信贷扶贫

国家开发银行通过完善和运用“四台一会”融资模式，增加建档立卡贫困户信贷投入，促进特色优势产业发展；农业发展银行通过加强贷款审批、发放、支付管理，加快推进易地扶贫搬迁工程保质保量完成。农业银行为建档立卡户量身定制“精准扶贫贷”、“金穗富农贷”、“金穗脱贫贷”等产品。建设银行通过新农村贷款、城镇化贷款、PPP模式系列贷款等产品，加大对贫困地区基础设施和公共服务的金融服务支持力度。交通银行建立以交通银行信用卡积分乐园、“健康交行”APP平台为服务渠道，以定点扶贫县为优质土特产品和特色旅游纪念品供应方、以淘宝为“互联网+展销平台”的合作模式，初步形成了新时期“央企—网络—扶贫点”融为一体的普惠扶贫链条。中国邮政储蓄银行深挖特色产业带动减贫增收，按照“一县一业、一行一品”的思路，推进金融扶贫工作由“输血”向“造血”转变。

各地方法人金融机构在人民银行以及政府有关部门的支持下，积极开展金融扶贫工作。四川省农村信用社推出“扶贫再贷款+扶贫小额信贷”、“新型农业经营主体+贫困户”等模式。宁夏回族自治区盐池县农村信用社按照“信贷资金支持、特色产业带动、电子银行服务、风险防范可控”的思路，走出了一条金融创新推动产业发展、产业发展促进贫困群众增收致富的路子。青海大通农村商业银行积极开展“金惠工程”，加强贫困地区干部群众金融教育培训和知识普及。

银行业与保险业联合开发“信贷+保险”产品，通过小额贷款保证保险、借款人意外伤害保险、保单质押等方式，为贫困户增信，推动信贷资源向贫困地区投放。目前，全国已有25个省（市）、73个地（市）开展了小额贷款保证保险试点。如浙江景宁县运用扶贫专项资金，为低收入农户统一购买小额贷款保证保险并全额贴费贴息，银行机构凭保单发放免息免担保贷款。人保集团在部分贫困县探索开展“农业保险+扶贫小额信贷保证保险+保险资金支农融资”试点，协助贫困人口更便利地获得免担保、免抵押、优惠利率的小额资金，打造农村金融保险服务全链条，目前试点已在河北、陕西等地启动。

2016年末，全国精准扶贫贷款余额24 878亿元，同比增长49%；2016年全国扶贫贷款累放12 759亿元，同比多放8 044.87亿元（同比增长58.6%）。截至2016年末，全国银行业金融机构发放扶贫小额信贷余额763亿元；发放扶贫项目贷款余额16 127亿元。

（二）资本市场扶贫

2016年10月，西藏易明西雅与西藏高争民爆两家股份有限公司上市申请分别顺利过会，开启了IPO扶贫绿色通道的先例。证券业开展“一司一县”结对帮扶行动，每家证券公司至少结对帮扶一个国家级贫困县。截至目前，已有三批共34家证券公司结对帮扶41个贫困县。中国期货业协会组织召开“推动期货行业服务国家扶贫攻坚战略动员会”，发布《期货行业服务国家脱贫攻坚战略行动倡议书》，倡导各交易所、期货公司根据自身情况与贫困地区结成对子，形成长效帮扶机制。

专栏十一

扶贫小额信贷——脱贫致富的“金钥匙”

宁夏回族自治区盐池县位于陕甘宁蒙四省交界地带，地处毛乌素沙漠南缘，是国家级贫困县，现有贫困村74个，贫困人口11 228户，34 046人，其中兜底户2 371户，5 112人。

近年来，盐池县把金融扶贫小额信贷作为脱贫攻坚的第一抓手，在解决建档立卡贫困户贷款难、贷款贵等方面取得显著成效，走出了一条“依托金融创新推动产业发展、依靠产业发展带动贫困群众增收”的新路子。截至2016年7月底，盐池县全县为8 136户建档立卡贫困户发放各类贷款5.13亿元，户均达到6.3万元，其中通过扶贫小额信贷贷款3.74亿元，户均4.6万元，建档立卡贫困户贷款率达91.8%（未贷款的3 092户主要是65岁以上老龄人口和重度残疾、智障人口）。盐池县主要做法如下：

一是完善农村金融信用体系，作为推进扶贫小额信贷的“总开关”。盐池县建立了全区首个建档立卡贫困户评级授信系统，改变原有评级授信标准，将建档立卡贫困户的诚信度占比由原来的10%提高到60%，家庭收入30%，基本情况10%，即“631”模式。2016年特别将60~65周岁和非恶意“黑名单”建档立卡贫困户纳入评级授信范围。根据评级结果确定2万~10万元的授信额度，一次授信，3年内随用随取，不用时不产生利息，有效降低了贷款门槛和贷款成本。截至2016年7月底，共为8 720户建档立卡贫困户给予评级授信，授信额度4.6亿元。盐池县把对建档立卡贫困户评级授信的成功做法运用到所有农户，建立了全区首个乡、村、组、户信用评定系统，目前，全县已评出信用乡镇3个、信用村60个、信用组320个、信用户2.32万户。

二是特色产业为纽带，为建档立卡贫困户发展产业提供贷款支撑。为全县建档立卡贫困户逐户制订金融助推产业发展计划，积极协调银行给予贷款支持。建档立卡贫困户累计存栏滩羊基础母羊达33.7万只，种植黄花2 814亩、小杂粮12.3万亩。同时，积极协调银行对龙头企业、合作社等给予信贷优惠支持，鼓励发展“企业+

贫困户+基地”和“企业+贫困户+合作社”等多种模式，引导企业把贫困村作为种养殖基地，或成立合作社，由企业向银行获得贷款授信，委托银行为农户发放贷款，实行“订单式”种养。

三是完善扶贫小额贷款风险补偿机制。建立规模为5 000万元的政府风险补偿基金，银行按1：10的比例提供扶贫小额信贷，因重大灾病等不可抗力因素造成不能偿还的，由风险补偿金和银行按7：3的比例分担。盐池县政府牵头成立了扶贫担保公司，县财政出资5 000万元，引导社会融资入股2.5亿元，形成3亿元的担保基金，解决参与产业扶贫的龙头企业融资问题。

四是加大保险保障。针对“农产品市场波动较大、因病因灾致贫比重大、贫困群众自我发展能力不强”等因素，盐池县筹资2 217.5万元，为建档立卡贫困户量身打造了“2+X”菜单式脱贫保模式，即建档立卡贫困户家庭意外综合保险和大病补充医疗保险2个基本险全覆盖，同时开发包括滩羊基础保险、农业风险保险、金融信贷保险等多个险种供建档立卡贫困户选择，既兜住了因病意外返贫的底线，又为发展产业增收致富保驾护航。在脱贫攻坚期内，脱贫险保费全部由政府为建档立卡贫困户买单补贴。目前，盐池县已在全区率先实现建档立卡贫困户脱贫保险全覆盖。

专栏十二

巴拉格宗ABS——资本市场助推脱贫攻坚

2016年7月20日，云南文产巴拉格宗入园凭证资产支持专项计划（简称巴拉格宗ABS）在深圳证券交易所挂牌交易，这是深圳证券交易所推出的首单贫困地区资产证券化产品。该计划以云南香格里拉县的特色旅游业为基础。香格里拉县是国家扶贫工作重点县，也是少数民族集中地区。巴拉格宗ABS响应资本市场参与精准扶贫的号召，通过资本市场盘活贫困地区的旅游资源，拓宽贫困地区的融资渠道，带动贫困人口脱贫。

巴拉格宗景区位于香格里拉县西北部，景区汇集了香格里拉生态旅游区的大量自然和人文景点，具有巨大的开发潜力。做好巴拉格宗景区的开发能够有效改善香格里拉县的经济状况，加快扶贫工作的推进。巴拉格宗ABS是以香格里拉县巴拉格宗景区及其设施为基础资产、入园凭证为未来主要收益来源的资产支持计划。2015

年，景区营业收入为5 904万元，年客流量达22.07万人次，对当地旅游业乃至经济发展都有较大贡献，同时表明该景区入园凭证有一定投资价值（见图5.1）。

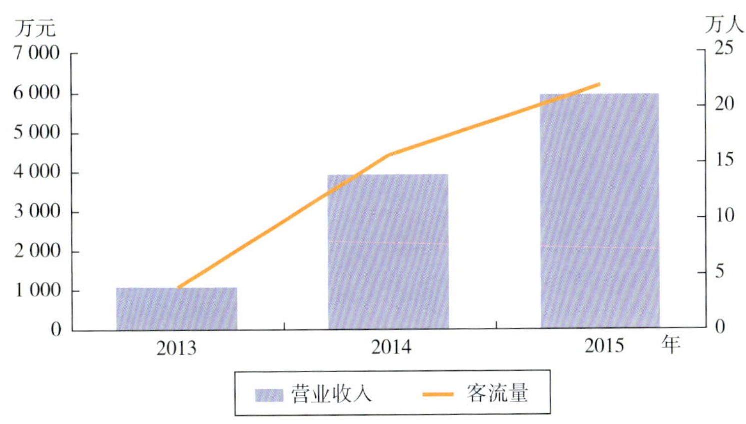

图5.1　巴拉格宗景区营业情况

巴拉格宗ABS总规模为8.4亿元，其中优先级8亿元，次级0.4亿元，发行期间得到了众多投资者的关注，按市场价格足额认购。其中，优先级资产期限分为4年、5年、6年、7年四种，次级为7年期。资金主要用于景区的后续改造、建设及维护，致力于提升景区质量。

巴拉格宗ABS是资本市场支持扶贫开发的一次重要实践，具有标志性意义。

一是巴拉格宗ABS为贫困地区的优势景区提供成本较低的资金支持，加快景区发展建设。巴拉格宗长期以来面临资金不足、难以进行大面积开发的困境。景区业绩虽然逐年上升，但规模仍有较大的上升空间，可以创造更多的工作机会。巴拉格宗ABS项目将资金投入到景区峡谷生态观光区、巴拉文化体验区、香巴拉佛塔朝圣区等急需资金开发建设的项目中，进一步加快景区的开发建设工作，为当地经济和民生作出贡献。并且，对比其他行业，贫困地区旅游业的投资规模需求大，回收期较长，地理位置偏僻，使得融资难的问题尤其显著。巴拉格宗ABS项目加权平均发行利率为6.89%，显著低于商业银行贷款等传统模式的融资成本，更有效地解决了景区融资难的问题。

二是巴拉格宗ABS响应国家“精准扶贫”政策，带动贫困少数民族地区特色产业发展，将景区资源变成优质资产。巴拉格宗景区是香格里拉县旅游业的特色景区，也是当地的优质资源，有普达措、虎跳峡等知名景点，巴拉格宗ABS针对于巴拉格宗景区的融资，能够将资金、人才、技术、管理等要素聚集在香格里拉县，增强当地旅游业的吸引力和影响力，利用资本市场产品，将资源转化为可以长期创造收益的资产。

（三）保险业扶贫

保险业以农业保险、大病保险等与贫困人群密切相关的领域为切入点，发挥保险机制优势，稳步推进保险扶贫工作，取得了一定的经验和成效，得到各级党委和政府的高度肯定。

一是以农业保险保障农业产业发展，防止因灾致贫、因灾返贫。如河北省阜平县开发成本价格损失险，通过农业保险为贫困农户发展生产提供自然灾害事故和市场价格下跌双重保障，由于有保险兜底，阜平掀起了“依靠金融保险扶贫、实现脱贫致富梦想”的全民创业大潮。安徽省统筹安排省级财政专项扶贫资金，通过“以奖代补”方式，鼓励贫困地区开展地方特色农产品保险。保险赔款已成为农村灾后恢复生产和灾区重建的重要资金来源，如2015年辽宁特大旱灾，农业保险支付赔款15亿元，地方政府基本未再拨付救灾资金。2016年入汛以来，南方发生持续阴雨和洪涝灾害，目前农业保险预估赔款已接近70亿元。

二是以大病保险维护贫困人口健康权益，防止因病致贫、因病返贫。据统计，2015年底，全国建档立卡贫困户中，因病致贫占到44.1%，是第一大致贫原因，由此还出现一些冲击社会道德底线的极端案例。保险业在经办城乡基本医保的基础上，充分发挥市场机制作用，采取商业保险机构承办大病保险的方式，对贫困人口医疗费用给予进一步保障。目前，大病保险已覆盖9.2亿城乡居民，累计超过700万人直接受益，大病患者医疗费用实际报销水平普遍提高10~15个百分点，整体报销比例达到70%，最高赔付达112万元。此外，云南昭通、江西赣州等地还为农村建档立卡贫困人口购买补充医疗保险，为扶贫对象提供兜底医疗保障，有效减轻民政救助人群医疗负担。

三是以民生保险兜住贫困群体生产生活风险底线。意外风险是当前城乡社会保障制度的一个短板，因意外致贫返贫导致的社会问题十分突出。保险业针对建档立卡贫困人口，积极研究开发各类保障适度、保费低廉的小额人身保险，满足贫困户主要劳动力意外伤害、疾病和医疗等保险保障需求。每人每年只交15~25元，出现意外事故可以获得赔款2万~3万元。保监会和民政部共同推动农房保险，现已覆盖绝大多数省（市），并被作为移民搬迁脱贫工程的重要配套措施。2015年西藏“4·25”地震发生后，保险公司向4.03万户受灾农牧民支付农房保险赔款2.43亿元，成为西藏史上最大的一笔保险赔款。

四是开展组合保险对贫困户实现保险全覆盖。部分地区探索开展了“特惠包”等综合保险产品，进一步提高保障水平和服务能力。如河南兰考县启动“脱贫路上零风险”保险扶贫项目，向建档立卡贫困户提供农业保险、意外健康险、农业基础设施保险、农房保险、小额贷款保证保险等一揽子保险产品，并对贫困户实行优惠费率。宁夏面向贫困人口推出“脱贫保”产品，为58万贫困人口提供家庭成员意外伤害保险、大病补充医疗保险、借款人意外伤害保险、优势特色产业保险等综合风险保障，实现“扶贫+保险”全覆盖。四川省在少数民族群众聚居的凉山州向农村群众提供“惠农保”产品，包括自然灾害公众责任险、农村住房保险、农村小额人身意外保险等产品，为209万参保农村群众提供风险保障2 000亿元，支付各类赔款1 585万元。

第六部分
普惠金融最新进展

- 普惠金融发展战略
- 普惠金融示范区建设
- 2016年G20普惠金融成果

一、普惠金融发展战略

2016年初，国务院印发《推进普惠金融发展规划（2016—2020年）》（以下简称《规划》）。作为我国首个发展普惠金融的国家级战略规划，确立了推进普惠金融发展的指导思想、基本原则和发展目标，从普惠金融服务机构、产品、基础设施建设、法律法规和教育宣传等方面提出了一系列政策措施和保障手段，并对推进普惠金融实施、加强领导协调、试点示范工程等方面作出了相关安排。

（一）《规划》的制定背景

党中央、国务院高度重视普惠金融发展。党的十八届三中全会明确提出发展普惠金融。近年来，我国普惠金融发展呈现出服务主体较为多元、服务覆盖面较广、移动互联网支付使用率较高的特点，人均持有银行账户数量、银行网点密度等基础金融服务水平已达到国际中上游水平。但是，仍存在服务不均衡、体系不健全、法律法规体系不完善、基础设施建设有待加强、商业可持续性有待提高等问题。需要加强顶层设计，进一步明确发展方向和主要任务，统筹推进普惠金融发展。

（二）《规划》的核心内容

《规划》强调发展普惠金融应坚持借鉴国际经验与体现中国特色相结合、政府引导与市场化主导相结合、完善基础金融服务与改进重点领域金融服务相结合，围绕有效提高金融服务覆盖性、可得性，明显增强人民群众对金融服务的获得感，提出到2020年，要建立与全面建成小康社会相适应的普惠金融服务和保障体系，特别是要让农民、小微企业、城镇低收入人群、贫困人群和残疾人、老年人等及时获取价格合理、便捷安全的金融服务。

《规划》提出要健全多层次的金融服务供给体系，创新金融产品和服务手段，加快推进金融基础设施建设，完善相关法律法规体系，发挥政策引导激励作用，加强普惠金融教育和金融消费者权益保护。要把防风险放在十分重要的位置，坚持监管和创新并行，加快建立和适应普惠金融发展的法制规范和监管体系，提高金融监管的有效性。

《规划》要求加强组织保障和推进实施，由人民银行、银监会牵头建立推进普惠金融发展工作协调机制，地方各级人民政府要加强组织领导，做好贯彻落实。对拿不准的难点问题，要在小范围先行试点，成熟后再推广。要加强国际交流、实施金融知识扫盲等专项工程，健全监测评估。

二、普惠金融示范区建设

2015年下半年以来，人民银行按照国务院统一部署，加强中央和地方联动，指导地方分支机构加强对普惠金融示范区建设探索，先后在浙江省宁波市、陕西省宜君县、青海省开展普惠金融示范区建设试点。银监会、保监会和甘肃省人民政府在临洮县、和政县开展普惠金融试点。2016年12月，经国务院同意，人民银行、银监会联合有关部门指导河南省兰考县开展普惠金融改革试验区建设。

宁波示范区建设的主要任务包括：构建全面覆盖的基础金融服务体系，使助农金融服务点全面覆盖，移动金融服务平台安全可信，支付结算服务城乡一体化、移动化；构建重点渗透的民生金融服务体系，使小微企业和“三农”融资服务更加深入，小微企业支付服务实时化；构建层次多样的普惠金融组织体系，充分发挥现有金融机构的普惠功能，积极稳妥引导新型金融业态发挥普惠功能；构建安全便利的日常金融服务体系，整合政府公共服务，便利居民缴费服务，使居民现金服务指间化，特色海运服务全天化；构建丰富完善的信用信息服务体系，建设中小微企业信用服务体系，完善多元化的农村信用体系；构建全面深入的金融消费权益保障体系，完善金融消费权益保护工作机制，加强金融知识普及教育，探索金融消费权益保护的有效监管手段。

陕西省宜君县的试点方案提出了构建满足需求的普惠金融服务体系、打造普惠金融教育体系以及建设便捷高效的金融基础设施体系3个方面12项改革任务。力争通过改革，使试点地区“融资难”明显改善，精准扶贫成效显著提升；形成科学完善的农村金融教育培训体系，农民金融素养普遍提高；实现行政村基础金融服务全覆盖，弱势群体的金融服务可得性显著提高。

青海省是我国多民族聚居地区，具有地广人稀、生态价值重要、生态建设任务艰巨等特殊省情，在青海省开展普惠金融综合示范区建设，对西部民族地区发展普惠金融，实现“创新、协调、绿色、开放、共享”发展具有重要的探索意义。青海方案提出了深化金融支持精准扶贫、推动绿色金融发展、推广金融科技运用、完善基础金融服务、加强宣传教育和科学组织推进等7个方面总计23项任务。试点方案强调，发展普惠金融体系要瞄准精准扶贫和绿色发展，通过全面建立精准扶贫金融服务档案、完善扶贫开发主办银行制度、实施“530信用贷款工程”、创新“四位一体”扶贫融资模式，提升金融服务覆盖率、可得性和满意度，为社会公众提供全面、高效、便利的金融服务，实现金融助推民族地区脱贫致富；通过优化绿色金融发展环境、支持“三江源国家公园”建设、开展绿色信贷导向评估，提高绿色金融服务水平。

甘肃省临洮县通过建立普惠金融基础服务体系、普惠金融产品创新体系、金融扶贫合作体系、金融政策支持体系、普惠金融协调联动体系，实施评级授信工程、合作社带动工程、担保增信工程、扶贫推进工程、挂图作战工程，着力增加普惠金融服务和产品供给，努力把银行办到老百姓身边，提高金融服务的覆盖面和可得性，让普通群众享受到更加便捷的金融服务。和政县立足经济总量小、生产总值相对较低的实际，提出补齐机构短板、夯实政策基础、完善服务体系、创新金融服务等改革任务，力争到2020年使全县普惠金融发展居于全省中上游水平。

兰考县是焦裕禄精神的发源地，也是农业县、欠发达县的典型代表。兰考县普惠金融改革试验区建设坚持创新、协调、绿色、开放、共享的发展理念，坚持市场主导和政府引导，注重落实县域普惠金融发展的“最后一公里”，提出5年左右把兰考县建设成为全国普惠金融改革先行区、创新示范区、运行安全区，助力兰考县如期实现全面建成小康社会的宏伟目标。试验区建设包括10个方面、27项主要措施。一是完善县域普惠金融服务体系，包括更好地发挥银行业机构作用、规范发展新型金融服务组织、完善风险管理和分担补偿体系。二是强化精准扶贫金融服务，包括创新金融扶贫产品和服务模式、完善精准扶贫配套措施。三是优化新型城镇化金融服务，包括创新投融资机制、深化涉农和小微企业金融服务创新、支持农民工市民化。四是充分利用多层次资本市场，包括培育发展股权融资、债务融资。五是大力发展农村保险市场，包括扩大农业保险覆盖范围、创新推广各类涉农保险。六是深化农村支付服务环境建设，包括设立农村金融综合服务站、普及移动支付业务。七是强化要素服务平台建设，包括搭建信用信息平台、完善农村产权交易服务平台、推广动产质押融资服务平台、建立一网通金融服务平台。八是强化配套政策支持，包括加强财税政策扶持、强化货币政策工具支持、实施差异化监管政策。九是加强金融消费权益保护，包括健全金融消费权益保护工作机制、提高金融知识宣传教育的普及性和针对性。十是建立工作保障机制，包括加强组织领导、宣传引导和考核监督。

三、2016年G20普惠金融成果

在2010年二十国集团（G20）首尔峰会上，G20领导人通过了《G20普惠金融行动计划》（FIAP），并宣布成立普惠金融全球合作伙伴（GPFI）作为FIAP的执行组织。GPFI由G20国家、感兴趣的非G20国家以及相关国际组织构成，致力于在全球范围内推动普惠金融发展。2016年，人民银行代表中国担任GPFI主席，将“发展数字普惠金融”以及“普惠金融指标体系”等列为重点议题，顺利组织GPFI完成了多项重要成果。

（一）《G20数字普惠金融高级原则》

“数字普惠金融”泛指一切通过使用数字金融服务以促进普惠金融的行动。随着成功的数字普惠金融商业模式，以及新的监管规则和监管手段在世界范围内出现，G20认为，利用数字技术降低成本，扩大规模，深化金融服务的范围，将是促进普惠金融的关键。根据2016年G20财长和中央银行行长会的要求，GPFI起草了《G20数字普惠金融高级原则》，包含8项原则和66条行动建议。内容概述如下：

一是倡导利用数字技术推动普惠金融发展。目前全球有20亿成年人无法获得正规金融服务。需要加强各国政府间、政府各部门间以及政府与私人部门间的沟通与合作，重视利用数字技术促进普惠金融发展。

二是平衡好数字普惠金融发展中的创新与风险。强调加强大数据的应用和风险管理，探索创新性数据在征信领域的应用。在监管者和企业之间建立常态化的信息分享机制。明确提出政府转移支付数字化和法定货币数字化对普惠金融发展的作用。

三是构建恰当的法律和监管框架。强调强化行为监管与审慎监管，提高监管能力，对同类产品采用相同的监管标准，使监管力度与风险程度相匹配，降低不必要的合规成本。明确监管者的职责并加强跨部门合作。提升国际数字金融市场准入的透明度。在监管尚不成熟的时候，在可控范围内允许创新性试点。

四是扩展数字金融服务基础设施。向偏远地区延伸电力、通信、宽带等基础设施以及支付系统。完善征信体系和动产抵质押系统，支持中小企业金融服务。强调技术标准的统一化与平台的兼容性。探索利用分布式账本（区块链）技术提升金融基础设施的运行效率和安全性。

五是建立尽责的数字金融措施来保护消费者。强调加强行为监管和反欺诈，保护客户资金安全。完善个人信息保护，保证个人数据的准确性和安全性。禁止以不公平的方式歧视性区分消费者。建立多元化的投诉解决机制。鼓励出台高于法律法规要求的行业自律标准。

六是重视消费者数字技术知识和金融知识普及。金融服务数字化对消费者金融素养提出了新要求，而大量弱势群体缺乏享受数字化金融服务所必需的数字技术知识。应避免数字技术的使用造成金融服务不平等现象加剧。鼓励开展数字金融知识普及项目。

七是促进数字金融服务的客户身份识别。目前全球约有15亿低收入发展中国家人口因为缺乏身份信息而无法获取基础金融服务，而远程生物识别技术的应用有助于解决该问题，其强调身份识别系统的保密性、安全性与可负担性，借助有效的身份识别系统加强反洗钱与反恐怖融资工作。

八是监测数字普惠金融进展。设立国家核心绩效指标，建立常态化的数据采集机制，促进指标体系的实际应用。

专栏十三

印度、孟加拉国借助数字技术发展普惠金融

近十年间，数字金融已经成功地提高了G20以及非G20国家妇女、穷人、年轻人、老年人、农民、中小企业和其他未获得充分服务的消费者群体金融服务的可得性。利用数字技术降低成本，扩大规模，深化金融服务的范围，将是促进普惠金融的关键。

根据世界银行的数据，2014年全球无法享受银行服务的成年人中有1/5是印度人。从全国范围来看，印度只有53%的成年人口拥有银行账户，仅有3.4%的成年人口使用信用卡进行交易，仅有6.4%的成年人口从金融机构获得贷款。在农村地

区，金融服务不足问题则更为严重。2015年，印度储备银行向11家印度公司颁发了支付银行牌照，探索利用数字技术发展普惠金融。

位于孟买的金融普惠网络与运营支付技术有限公司（Financial Inclusion Network & Operations Paytech Ltd.，FINO）是取得牌照的11家公司之一。FINO为那些致力于为农村地区人口提供金融服务的机构提供代理网络、系统和技术服务，使得农村人口能够获得授信、储蓄、保险、贷款和支付在内的各种银行服务。目前FINO的客户数已达到8 500万，其中包括3 450万存款客户、230万汇款客户以及87万保险客户。FINO的成功也扩大了就业，它的28 500个代理人中约有1/3是妇女。

孟加拉国约1.6亿人口中有31.5%生活在贫困线以下，人均国民生产总值1 080美元，是亚洲最贫穷的国家之一。仅有29.1%的成年人能够获得金融机构服务。自2011年起，孟加拉国对数字金融服务的监管政策有所改变，允许银行设立提供移动银行服务的子公司，并鼓励该国四家主要的移动网络运营商为移动银行接入它们的网络提供接口。这些政策大大推动了孟加拉国内数字金融服务的使用。2011年成立的移动金融服务商bKash公司运营三年即实现盈利，目前用户已达到2 100万，平均每天处理380万笔交易。bKash公司成为孟加拉国最大、全球第二大移动金融服务公司，它增强了孟加拉国的普惠金融发展，让原本银行服务无法覆盖到的贫穷人口也能安全、可靠地享受到基本的金融服务。

（二）升级版《G20普惠金融指标体系》

旧版《G20普惠金融指标体系》（以下简称《指标体系》）由GPFI在2012年建立，主要聚焦于传统金融服务，指标和数据主要来源于世界银行集团（WBG）和国际货币基金组织（IMF）的相关数据库。WBG的Global Findex数据库包含474个普惠金融需求侧指标，每三年通过消费者问卷调查采集一次数据。IMF的Financial Access Survey数据库包含242个普惠金融供给侧指标，每年向各国政府收集一次数据。

G20普惠金融指标体系在2013年和2014年展示的中国大陆普惠金融指标数据共有30个。从各项指标世界排名情况来看，中国排在所有国家和地区前30%的指标共有12个（见表6.1），其中银行金融产品的信息披露指数和内外部纠纷解决机制指数均为满分，与多个国家并列第一；储蓄和账户等多项指标表现较好，如拥有储蓄账户的成年人占比（78.93%）和在金融机构储蓄的成年人占比（41.15%）等指标优于G20国家的平均值（76.50%和35.45%），这方面挪威、丹麦、芬兰、瑞典等北欧国家做得最好。与此同时，在侨汇汇入成本、个人信贷和信贷市场的信息障碍等方面表现得不尽如人意。比如2013年中国的侨汇汇入成本为11.73%，在G20国家中排第1位，在世界排第17位，马拉维全球最高，为27.49%。2015年底，中国的侨汇汇入成本已降至9.72%。在个人信贷方面，中国通过金融机构借款的成年人比例为9.55%，低于G20平均水平（14.87%），以色列世界最高，为40.51%。在信贷市场的信息障碍方面，中国得分为50分，低于G20平均水平（61.84分），而新西兰（100分）、美国（95分）等发达国家得分相对高一些。

旧版《指标体系》的框架已经比较成熟，但其中缺乏数字金融等新业态的相关指标。为更好地反映数字普惠金融领域的新进展，GPFI从WBG和IMF等的现有数据库中选择了一些有代表性的数字普惠金融发展指标，形成了升级版《指标体系》，并向G20成员国和相关国际组织征求了三轮意见。最终，升级版《指标体系》涵盖3个维度（金融服务的可得性、使用情况和质量），包含19大类35项指标，分别从供给侧和需求侧反映普惠金融发展水平。

表6.1　2013年、2014年中国在GPFI指标体系中排名前30%的指标

单位：分、%、个、人

序号	指标名称	中国指标数值	排名除以有指标数值的国家和地区总数	世界排名第一的国家和地区	排名第一的指标数值	G20国家平均值
1	披露指数（包括语言简明易懂、使用当地语言、明确贷款手续费等要求）（1～5分，最高5分）	5	1	22个国家并列第一	5	4.06
2	反映内部和外部纠纷解决机制的指数（0/0.5/1分，最高1分）	1	1	76个国家并列第一	1	0.94
3	在正规金融机构储蓄的成年人比例（女性）	41.16	17	挪威	80.9	33.62
4	在正规金融机构储蓄的成年人比例	41.15	18	挪威	78.41	35.45
5	在正规金融机构储蓄的成年人比例（收入处在前60%的人）	48.40	18	瑞典	80.96	41.88
6	每200美元侨汇的平均成本占比（排名越高，侨汇汇入成本越高）	11.73	19	马拉维	27.49	8.98
7	在正规金融机构储蓄的成年人比例（收入处在后40%的人）	30.51	20	挪威	74.96	26.04
8	在正规金融机构储蓄的成年人比例（男性）	41.15	20	挪威	75.93	37.25

续表

序号	指标名称	中国指标数值	排名除以有指标数值的国家和地区总数	世界排名第一的国家和地区	排名第一的指标数值	G20国家平均值
9	每千平方公里ATM数	55.75	22	中国澳门	38 607.15	62.98
10	每千成年人在商业银行借款人数	293.86	27	新加坡	1 149.08	423.31
11	在正规金融机构持有账户的成年人比例（收入处在后40%的人）	72.04	29	丹麦、芬兰、挪威	100	71.03
12	在正规金融机构持有账户的成年人比例	78.93	30	丹麦、芬兰、挪威	100	76.50

资料来源：GPFI。

（三）《G20中小企业融资行动计划落实框架》

G20为了促进中小企业融资和推广各国成功的改革经验，设计了相关的自评估框架，鼓励各国对照国际良好的实践进行诊断评估，核心目标是营造有利的监管环境促进竞争，以提高中小企业融资能力。其中列为优先的三项改革措施包括：改善中小企业征信体系；鼓励银行和非银行金融机构接受动产作为抵押物贷款给中小企业；改革中小企业破产制度。这三个领域都可运用数字技术。

第七部分
农村金融基础设施建设

- 农村信用体系建设
- 农村融资担保体系建设
- 农村支付体系建设
- 农村地区现金服务
- 农村地区金融消费者保护

一、农村信用体系建设

农村信用体系建设是《社会信用体系建设规划纲要（2014—2020年）》提出的专项工程。通过信用信息服务，减少信息不对称，发现和增进农村生产经营主体信用，实施与信用等级相对应的信贷额度与利率，促进小额信用贷款发展，是缓解农村地区融资难、融资贵，促进“三农”发展的有效途径。近年来，人民银行以农户、家庭农场、农民专业合作社等农村地区生产经营主体为对象，持续推进农村信用体系建设，通过信用建设改善农村金融服务水平，助力精准扶贫和普惠金融发展。

（一）持续完善制度设计

2014年印发《中国人民银行关于加快小微企业和农村信用体系建设的意见》（银发〔2014〕37号），并在全国确定了32个农村信用体系建设试验区。2015年印发《中国人民银行关于全面推进中小企业和农村信用体系建设的意见》（银发〔2015〕280号），在试点试验的基础上，不断总结经验，持续完善制度与措施，逐步明确了“政府领导、人行推动、多方参与、服务社会”的工作原则，提出“数据库+网络”平台建设、推进信用评价和信用培育、加强信息服务与应用、构建信用激励约束机制等工作任务，形成了较为完善的制度体系。

（二）构建信用信息征集、信用评价与应用机制

以人民银行印发的《农村信用体系建设基本数据项指引》（银办发〔2013〕63号）和《农户信用信息指标》（银办发〔2015〕241号）为依据，各地结合实际条件，多渠道采集农户、家庭农场、农民专业合作社等农村地区生产经营主体的信用信息。按照“数据来源于地方、服务于地方”的思路，在县（市）层面建立农户信用信息数据库，在此基础上搭建集信息共享、信用培植、中介服务、政策扶持、金融支持等为一体的网络服务平台，为农户、金融机构、政府部门等提供信息服务，减少信息不对称。

各地联合政府部门、农村基层组织、金融机构、信用评级机构等推进信用户评定和

“信用户”、“信用村”、“信用乡镇”建设，探索开展家庭农场、农民合作社等的新型经营主体评价，发现和增进农户等生产经营主体的信用。广西田东、湖南麻阳等地在农户信用评价基础上为贫困户量身定制评价授信标准，实现农村信用体系建设与扶贫信息的有效衔接，推进金融精准扶贫效果显著。截至2016年末，全国累计为1.72亿农户建立信用档案，已有近9 248万农户获得银行贷款，贷款余额2.7万亿元。

（三）健全风险补偿和守信联合激励机制

引导金融机构将农户信用评价结果纳入信贷管理中，发放信用贷款，根据信用等级，给予农户不同的授信额度和利率，为有信用、有市场的农村生产经营主体提供便捷的金融服务。推动地方政府加大对信用户、信用村镇的支持力度。对信用状况良好的农户、扶贫龙头企业、专业合作社等开展财政贴息。由财政出资设立风险补偿基金，补偿金融机构发放农户小额贷款发生的风险。

（四）提高征信系统为农服务水平

积极推动金融信用信息基础数据库（征信系统）建设，立足社会融资规模口径，努力实现对金融领域信用信息的广泛覆盖。支持涉农放贷机构通过直接接入、省级平台接入、互联网接入等多种方式接入征信系统，并提供信用信息查询服务。截至2016年底，征信系统共收录了约51万户农村企业及其他组织信息，收录了8 743万办理过农户贷款的自然人信息。征信系统提供多种信用报告查询渠道、完善异议处理、客服电话咨询服务等措施，为农户提供信用报告查询服务，帮助农户了解自身信用记录。

专栏十四

广西田东——以农村信用体系建设为切入点，推进金融精准扶贫效果显著

为破解农村经济发展的瓶颈问题，人民银行积极协调有关部门，指导广西壮族自治区田东县在完善农村金融服务体系，特别是以信用体系建设为基础的金融扶贫

工作中获得了突破性进展，有效缓解了贫困户资金缺、贷款难问题。主要做法：

一是建立适合贫困农户的信用评级方式，全国首创扶贫信用评级指标体系。根据贫困户资产实力弱、收入低的特点，田东县首创一套合理、科学的信用评级指标体系，通过降低家庭资产、偿债能力的分值，弱化资产和收入对评分结果的影响，将贫困村主导产业、特色产业规划、帮扶人的数量、帮扶人层级、是否参加过劳动技能培训、帮扶计划和规划、帮扶项目等纳入评分指标体系，综合考虑教育、道德品质、社邻关系等信息，全面识别农户贫富状况、信用状况，帮助贫困户获得金融支持，推进贫困户实现勤劳致富。

二是建立信用信息与精准扶贫管理系统，全国首创金融精准扶贫体系，具有精准识别扶贫对象、精准确定扶贫措施、精细管理扶贫资源三大精准功能，扶贫效果好、资金利用率高、信贷风险低，为金融精准扶贫树立了标杆。其一是具备扶贫信息查询和逐级自动统计、汇总等功能模块，能精准识别和实时反馈贫困户、贫困村详实信息与扶贫工作概况。其二是率先实现精准、科学扶贫，与农户系统相辅相成，实现农户数据信息的互通共享，进一步确保扶贫资金、金融资源的高效配置。其三是实现多部门信息流和资金流的有效整合，助推政府部门和金融机构精准掌握贫困户资产情况，全过程跟踪扶贫资源的合理使用。

截至2016年末，田东县农户系统已采集并建立农户信用信息档案共72 315户，占全县农户的87.23%，成为广西县域信息采集面最广、内容最齐全的县份。共评定信用农户58 030户，贫困信用户8 935户，53个贫困村全部转化为信用村，共评定信用村139个，信用镇7个。

农村信用体系构建了农户诚实守信的正向激励机制。银行机构充分参考农户的相关经济指标和信用等级，积极调整了以前信息不对称条件下的“不敢贷、不愿贷”等行为，主动增加对贫困地区信用户的贷款投放。如田东农村商业银行对A级、AA级、AAA级三个等级信用户贷款最高授信额度由原先的1万元、3万元、5万元分别提高到5万元、8万元、10万元，对信用好的经济能人，最高可提高到30万元。并且根据借款户生产生活周期需求，灵活确定贷款期限。农民群众特别是贫困农户的“融资难、融资贵”问题得到初步缓解。

专栏十五

动产融资登记公示系统助力涉农融资

2007年10月，人民银行征信中心根据《中华人民共和国物权法》授权，借鉴国际经验，建成应收账款质押登记公示系统，通过互联网对外提供服务。根据业界需求，征信中心逐步拓展服务范围，建立动产融资统一登记系统（以下简称登记系统），提供应收账款质押和转让、融资租赁、保证金质押、存货和仓单质押等多种登记与查询服务。2014年，征信中心还受天津市农业行政主管部门的委托，代为提供农业设施抵押登记与查询服务，助力天津市农村金融创新改革。

截至2016年底，登记系统已注册全国性银行、农村信用社、村镇银行等各类登记用户1.5万余家，累计发生登记241万余笔。其中，应收账款质押和转让登记188.6万笔，融资租赁登记49.7万笔，保证金质押登记9 200笔，存货与仓单质押登记4 400笔。近4年来，登记量年平均增长率为12.5%。累计提供查询1 084.8万笔，出具查询证明107.7万笔。农村信用社、农村商业银行、农村合作银行、城市信用社、村镇银行是服务于农村和农业中小微企业的主要金融机构。截至2016年底，质权人为上述金融机构的应收账款质押和转让登记6.45万笔，存货与仓单质押等其他登记1 924笔。

根据登记系统记载的出质人、出租人情况，涉及农、林、牧、渔行业企业的各类登记累计1.55万笔，其中应收账款质押和转让登记1.28万笔，融资租赁登记2 071笔。这些登记反映，有4 416家农、林、牧、渔类企业通过应收账款质押和转让获得融资；1 344家农、林、牧、渔类企业通过融资租赁获得融资。通过设备融资租赁、应收账款和存货质押等动产融资，有效解决农户和涉农企业不动产资源有限、担保品不足的问题，盘活农户和涉农企业动产资源，有助于涉农主体“融资难、融资贵”问题的解决。

二、农村融资担保体系建设

经国务院同意，2015年财政部会同农业部印发了《财政部　农业部关于调整完善农业三项补贴政策的指导意见》（财农〔2015〕31号），从中央财政农资综合补贴资金中调整20%的资金，加上种粮大户补贴试点资金和农业“三项补贴”增量资金，统筹用于支持粮食适度规模经营。该项资金将主要用于支持各地尤其是粮食主产省建立农业信贷担保体系，着力解决新型经营主体在粮食适度规模经营中的“融资难”、“融资贵”问题。为落实好这项工作，2015年7月，财政部、农业部、银监会印发了《关于财政支持建立农业信贷担保体系的指导意见》（财农〔2015〕121号），拟用3年左右的时间建立健全政策性强、专注现代农业发展、覆盖全国的农业信贷担保体系。

全国农业信贷担保体系主要由全国性的农业信贷担保机构（国家农业信贷担保联盟）、省级农业信贷担保机构和市、县（市、区，以下简称市县）农业信贷担保机构组成，其中全国和省级农业信贷担保机构以独立公司形式组建，市（县）农业信贷担保机构多以省级农业信贷担保机构分支机构的形式组建，也可以独立公司的形式组建。各级农业信贷担保机构通过股权投资、再担保和业务指导等形式，形成紧密可控的省级农业信贷担保体系，以及全国农业信贷担保体系。其中，省级和市（县）级农业信贷担保机构可直接开展农业信贷担保业务，全国农业信贷担保联盟主要为省级农业信贷担保机构提供政策指导、业务行为规范、再担保、风险救助、人员培训等方面的服务，支持和鼓励地方担保机构适当降低担保费率，不直接开展农业信贷担保业务。全国各级农业信贷担保机构实行市场化运作，财政资金主要通过资本金注入、风险补偿等形式予以支持，一般由财政部门履行出资人职责，会同有关部门加强对日常运营的监管。

建立由财政支持的农业信贷担保体系，既是引导推动金融资本投入农业，解决农业“融资难”、“融资贵”问题的重要手段，也是新常态下创新财政支农方式，放大财政支农政策效应，提高财政支农资金使用效益的重要举措，不仅有利于加快转变农业发展方式，促进现代农业发展，而且对于稳增长、促改革、调结构、惠民生也具有积极意义。目前，全国农业信贷担保体系建设工作正在积极有序推进。经国务院批准，国家农业信贷担保联盟有限责任公司由财政部会同农业部、银监会筹建，公司已于2016年5月6日注册成立。省级农业信贷担保机构组建工作也在积极推进。为切实加强对全国农业信贷担保工作的指导，推动农业信贷担保健康发展，中央层面已经由财政部、农业部、银监会三部门共同成立全国农业信贷担保工作指导委员会，主要职责有：指导全国农业信贷担保体系建设工作；研究提出全国农业信贷担保体系资本金注入、风险补偿、费用补助等重大扶持政策；审核国家农业信贷担保联盟有限责任公司章程、股东协议等重要文件；开展国家农业信贷担保联盟有限责任公司工作考核；其他需要研究决定的重大事项。指导委员会下设办公室负责日常事务和联络协调工作。

专栏十六

国家农业信贷担保联盟有限责任公司成立

2016年5月6日，经国务院批准，由财政部会同农业部、银监会组建的国家农业信贷担保联盟有限责任公司（以下简称联盟公司）在北京成立，标志着我国在建立健全全国政策性农业信贷担保体系方面迈出重要一步。

联盟公司作为全国农业信贷担保体系的国家层面政策性担保机构，不以盈利为目的，在坚持自身信用和可持续发展的基础上，实行政策性主导、专业化管理、市场化运作。旨在统一担保业务标准、强化系统风险控制、规范农业信贷担保体系建设，更好地发挥担保的经济助推器功能和财政资金的“四两拨千斤”作用，将更多金融活水引入农业农村发展领域，推动粮食结构调整和农业适度规模经营，促进农业发展方式转变。联盟公司股东包括财政部和全国省级农业信贷担保公司，拟分三年形成约150亿元的资本金规模。省级公司股东根据其组建进展情况，分期分批加入。联盟公司初始注册资本金40多亿元，其中，中央财政30亿元，其余由黑龙江、河南、安徽、四川等11家首批参股的省级机构出资。

联盟公司的职责和任务主要包括七个方面：一是落实国家农业支持政策，制定再担保业务标准，为省级机构提供业务指导和规范指引。二是为所有省级机构提供再担保服务，根据各省级机构的信用评级和风险控制水平，制定合理的代偿风险分担比例和再担保费率。三是研究开发农业信贷担保产品和服务，扩大信贷支持农业的覆盖面。四是与银行等金融机构开展总对总的战略合作，建立适用于联盟公司和省级机构的银担风险共担机制。五是建立风险补偿和风险救助机制。六是研发建立统一规划、统一标准的全国农业信贷担保业务数据信息系统，实行线上申报和管理，实现项目评审和风险控制等工作的信息化。七是组织全国农业信贷担保专业人才培养和人员培训，指导省级机构建立一支扎根农村、熟悉农业、懂金融会管理的基层担保员队伍。

三、农村支付体系建设

2015年以来，人民银行以落实《中国人民银行关于全面推进深化农村支付服务环境建设的指导意见》（银发〔2014〕235号）为核心，健全完善“政府支持、人民银行牵头、相关部门参与、商业机构实施”的工作机制，继续在农村地区推广结算账户、支付工具、支付清算网络，深化助农取款服务，持续改善农村支付服务环境。

（一）加强基础金融服务供给，促进金融普惠

一是加速清算网络在农村的覆盖。人民银行支付清算系统已覆盖11.84万个农村金融机构网点，覆盖率达93.46%。全国共有超过8万个农村地区银行营业网点可以办理农民工银行卡特色服务受理方业务。

二是深化助农取款服务。督促农业银行、邮储银行、农村信用社等主要收单机构开通跨行业务，提高资源利用率。指导收单机构在风险可控、确有需求的情况下，遴选业务办理规范的服务点开通现金汇款、转账汇款、代理缴费业务，依托助农取款服务网络所聚集的商户资源、资金结算流水，推出POS流水贷、零钞兑换等服务。2016年，全国助农取款服务点办理支付业务（包括取款、汇款、代理缴费）合计4.95亿笔、金额4 247.78亿元，业务笔数和金额分别较2015年增长13.53%和5.96%。

三是继续普及结算账户，依托农村养老、医疗、财政补贴、公用事业等代理项目按需发卡，并大力推动“一卡多用、一卡通用”。重点面向农村大户、能人等具有一定经济偿还能力的人发行信用卡或准贷记卡，解决其短期资金周转困难。推动发行单位结算卡，促进小微企业、涉农主体的非现金支付。逐步以金融IC卡取代磁条卡，提高银行卡账户的安全水平。截至2016年底，农村地区开立单位银行结算账户1 823万户，个人银行结算账户35.61亿户，各类银行卡25.52亿张，人均持卡2.8张。基本实现了人人有卡、家家有账户、补贴能到户。

四是推动地方政府及有关部门出台扶持政策。一些地方政府通过资金补贴的形式，对设置助农取款服务点、布放ATM甚至设置银行营业网点等农村支付服务环境建设工作给予支持，一些地方政府通过给予经营场地、纳入公安监控等方式给予支持，一些地方

政府通过将农村支付服务环境作为政府工作考核内容的形式给予支持。

（二）推动农村支付促进农村电商发展

2015年以来，人民银行积极参与促进农村电子商务发展的政策制定，明确提出鼓励村级电子商务服务点、助农取款服务点互相依托建设，实现优势互补、资源整合，提高效率，支持银行业金融机构和支付机构研发适合农村特点的网上支付、手机支付等。如农业银行在湖北省试点推出“E农管家”电商平台。浙江省农村信用社推出以“丰收驿站”、“丰收e站”、“丰收小站”等为主载体的金融电商服务平台。山西辖内农村金融服务站与“乐村淘”、“美淘村”、“京东”等各类电商合作，成为农村电商“体验店”。许多地方非银行支付机构围绕“淘宝村”或者地方性农村电商平台，加快网络支付在农村的推广。

（三）构建多层次、广覆盖的支付服务网络

一是指导银行机构在经济较为发达的农村地区新增实体营业网点，对于业务量不足、业务单一、内控难度大的网点进行撤并转移。顺应互联网快速发展形势，立足银行实体营业网点，大力营销网上银行、手机银行、电话银行服务。

二是大力组织主要涉农金融机构发展助农取款服务，逐步完善功能多样、广泛覆盖、成本低廉、方便快捷的助农取款服务网络。截至2016年底，助农取款服务点98.34万个，覆盖行政村超过50万个，行政村覆盖率超过90%。

三是通过推动给予政府补贴等方式，重点引导银行机构在乡镇以下地区布放ATM，逐步扩大ATM网络。

四是继续通过创建“刷卡无障碍示范区”，在农村批发市场、农产品收购产业链、农村小超市等大力布设POS机具，不断推动扩大农村POS机具网络。

（四）不断创新支付服务产品，推动非现金支付应用

各商业机构积极探索、大胆创新，研发出很多支付服务创新产品，如一些地方成功推出的“福农通”、“联银快付”农产品收购支付产品，实现卖粮农民的实时收款，较好地满足了田间地头农产品收购的移动、实时、安全、成本低廉的支付需求。四川凉

山试点推出的“银讯通”平台，不仅可为广大农村居民提供新农保、新农合、涉农补贴资金代理发放，水电气、通讯、视讯等公用事业缴费，以及烟草、蚕桑等产业链资金兑付，还可以加载基金、保险、理财、贵金属、贷款催收、金融知识普及等金融服务。

（五）加强农村支付服务环境建设的基础工作

一是加强风险防范。针对个别助农取款服务点经营者利用助农取款盗取农户资金的恶性案件，人民银行印发了支付业务风险提示，要求各地及有关收单机构开展风险排查、完善管理制度，强化准入、优化支付服务验证方式，加强教育培训，加大处罚力度等。二是建立专项统计制度。印发《关于建立农村支付服务环境建设业务指标统计报送制度的通知》（银办发〔2015〕35号），按照全面覆盖、重点突出、保障特色、频率适度的原则，设计一整套农村支付统计指标。要求各地按季度、按圈定农村地区统计报送。

四、农村地区现金服务

多年来，人民银行围绕“保证现金供应、保持票面整洁、打击假币犯罪”的工作目标，大力推进农村现金服务工作，成效显著。

（一）多种方式保障农村地区现金供应

人民银行各分支机构因地制宜，积极开展各具特色的现金服务工作，如依托农村金融综合服务站提供残损币、小面额人民币兑换、假币鉴定、防范等服务；在县域地区积极搭建现金余缺信息平台，加快现金周转速度，缓解供需双方余缺矛盾；在农村零售网点与银行业金融机构间建立零钞定向投放回笼机制；为小商户零钞兑换提供预约服务；在农村地区开展硬币自循环工作，努力提升农村地区现金服务水平，取得了较好效果。据人民币流通状况监测网统计数据，至2016年6月底，县域地区现金供应满意度总体达到96%。

（二）有效提升农村地区流通人民币整洁度

针对农村居民兑换残损人民币难、农村地区流通中人民币整洁度相对不高的问题，人民银行采取了加大对农村地区银行业金融机构的原封新券供应力度、通过农村便民现金服务网点收兑残损币、加强检查和宣传等多种措施，加大人民币原封新券投放力度和残损人民币回收力度，促进农村地区流通中人民币整洁度的提高，人民币流通状况监测网数据显示，截至2016年6月，县域监测网点对流通中人民币整洁度评价接近90%。

（三）积极开展农村地区反假货币机制建设

2015年以来，人民银行继续把反假货币工作重点放在广大农村、边远农牧区。一方面，进一步健全反假货币工作联席会议机制，确保组织领导和人员机构到位，形成工作合力。另一方面，充分利用各地已建成的宣传网络和已形成的义务宣传员队伍，开展各种形式的反假货币宣传。通过涉农金融机构，下大力气宣传2015年版第五套人民币100元纸币防伪特征，提高农村和流动人口防范假币的意识和识别假币的能力，防止假币犯罪活动进一步向农村和西部地区蔓延。

根据中国人民银行反假货币信息系统数据，2015年1月1日至2016年12月31日，涉农金融机构[①]收缴假人民币面额总计达5.54亿元，数量合计701万张（枚）。其中2015年2.57亿元、320万张（枚），2016年2.97亿元、380万张（枚）。伪造面额以100元为主，数量合计517万张，占纸币伪造数量的74%。

五、农村地区金融消费者保护

人民银行、银监会等部门长期重视金融消费者权益保护工作，坚定履行保护存款人和其他客户合法权益的法定职责，各部门在实践中逐步充实和健全工作制度和机制，不断加大农村地区金融消费者权益保护工作力度。

① 统计的涉农金融机构为：农村合作银行、农村商业银行、农村信用社、中国农业银行、中国邮政储蓄银行。

（一）构建消费者权益保护工作体系

2012年以来，以改进银行业服务质量、提升公众对银行业的满意度为目标，银监会制定了银行业消费者权益保护工作规划纲要，明确了“预防为先，教育为主，依法维权，协调处置”的工作原则。2016年就加强银行业消费者权益保护、解决群众关切问题出台指导意见，从健全完善工作组织机制、规范经营行为、强化监管引领、加大宣传教育等四个方面，提出了有针对性的监管要求。同时，银监会不断加大消费者权益保护工作组织保障力度，在各省级派出机构普遍新设专门处室，指导银行业金融机构加强制度和组织建设，健全完善独立有效的消费者权益保护内部工作体系。

（二）推动完善消费纠纷化解机制和金融消费者权益保护机制

人民银行金融消费者投诉受理、处理体系已全面覆盖全国农村地区，总体运行平稳，“12363金融消费权益保护咨询投诉电话”和“金融消费权益保护信息管理系统”运转顺畅。2015年1月至2016年12月底，全国共受理金融消费者投诉41 168笔，办结38 165笔，办结率为92.71%，受理咨询230 796笔。银监会积极推动银行业金融机构不断优化消费者投诉处理流程，切实承担投诉事项处理主体责任，积极受理、处理消费者投诉，不断提高投诉处理满意度。为构建多元化金融消费纠纷化解渠道，在北京、上海、重庆、深圳等地开展了金融消费纠纷调解机制试点工作，在解决金融消费纠纷方面取得了显著成效，受到银行业消费者的普遍认可。

（三）开展监督检查，加强监管约束

近年来，人民银行组织开展的银行卡领域金融消费者权益保护和个人金融信息保护监督检查全面覆盖了农村地区，保护了农村地区金融消费者的合法权益。2016年，人民银行开展联合整治非法买卖银行卡信息专项行动，强化银行卡信息安全管理，切实保护金融消费者个人账户信息安全，遏制和打击非法买卖金融消费者银行卡信息的违法犯罪行为，有效覆盖农村地区，保护了农村地区金融消费者的个人账户信息安全。

银监会制定了消费者权益保护工作考核评价办法，围绕银行业消费者权益保护制度体系建设情况、制度执行情况、工作开展情况、内部考核与管理情况、重点问题发生情况等五个维度，组织对全国银行业金融机构开展消费者权益保护工作考核评价，通过考核督促银行业金融机构完善机制、改进工作。

（四）加强农村地区金融消费者教育

从近年来人民银行开展的“消费者金融素养问卷调查”的分析结果看，金融素养城乡差异较为明显，城市居民的金融素养也明显高于农村居民。因此，加强农村地区金融消费者教育十分必要。人民银行、银监会在每年9月定期开展“金融知识普及月”、“银行业金融知识宣传服务月”活动。还通过组织编辑出版普及类书籍、动漫画和手机软件等形式，向农村地区居民普及金融知识。在农村地区推进金融知识普及站点的建设工作，积极打造金融知识普及志愿者队伍。

专栏十七

农村金融知识普及教育与培训——金惠工程项目

中国金融教育发展基金会（以下简称基金会）自2008年起面向我国中西部贫困地区开展金融知识普及教育和培训公益项目——“金惠工程”，通过对贫困地区农民群众、农村基层领导干部、农村中学生及农村金融机构从业人员进行金融知识普及教育和培训，帮助其掌握必要的金融知识和使用金融工具的能力，增强诚信观念和金融风险意识。同时，使农村金融机构树立普惠金融理念，掌握先进的小微贷款技术，提高农村金融服务水平，进而助推国家的扶贫开发事业。

2014年，中国人民银行等七部门联合印发的《关于全面做好扶贫开发金融服务工作的指导意见》（银发〔2014〕65号）将“金惠工程”列为扶贫开发金融服务的十项重点工作之一。在国家相关政策的支持下，自2015年起基金会多方筹资，采取多种合作途径，加大“金惠工程”的拓展力度。一是与陕西省铜川市市政府合作，打造“金惠工程”全面项目试验区。二是与国家开发银行合作，启动武陵山集中连片特困区“金惠工程”项目。三是与青海省省政府合作，以黄南藏族自治州为试点开展“金惠工程”全省覆盖。四是与VISA公司合作，打造“金惠工程”大兴安岭国际金融教育示范区。

截至2016年上半年，“金惠工程”已覆盖全国18个省（市、自治区）的201个国家级贫困县（区），其中农村中学生项目已覆盖8省23县87所乡镇中学，拥有注册志愿者8 012人，累计超过2 000多万人次接受了不同形式的金融教育和培训。

评估显示，金惠工程项目在各实施县达到了不同程度的预期效果：一是农村金融教育覆盖面得到有效扩展，项目区乡镇覆盖率平均达92%，行政村覆盖率平均达75%以上；二是农村信用环境得到改善，经济金融指标显著好转，各项农村金融业务得到较快发展；三是志愿者队伍建设不断加强，逐步形成一支有理想、有激情、有奉献精神、有专业能力的志愿者队伍。

第八部分
农村金融主要问题与进一步发展思路

- 当前农业农村发展面临的主要挑战和发展思路
- 当前农村金融服务存在的主要问题和政策建议

一、当前农业农村发展面临的主要挑战和发展思路

（一）农业农村发展面临的挑战

近年来，农业农村发展继续保持稳中有进的良好态势，为经济社会发展大局提供了有力支撑，农业结构调整迈出重要步伐，农村新产业新业态蓬勃发展，农村重要领域和关键环节改革深入推进，农村民生持续改善，农村社会保持和谐稳定，为稳增长、促改革、调结构、惠民生、防风险作出了重大贡献，成为经济社会发展的“压舱石”和“稳压器”。与此同时，农产品供求结构失衡、要素配置不合理、资源环境压力大、农民收入持续增长乏力等问题仍很突出，增加产量与提升品质、成本攀升与价格低迷、库存高企与销售不畅、小生产与大市场、国内外价格倒挂等矛盾亟待破解。

一是在居民消费结构升级的背景下，部分农产品供求结构性失衡的问题日益凸显。随着新型城镇化加快推进，城乡居民农产品消费需求正从“吃饱”向“吃好、吃得安全、吃得营养健康”快速转变，多元化、个性化的需求显著增多。而我国优质化、多样化、专用化农产品发展相对滞后，特别是大豆供需缺口进一步扩大，玉米增产超过了需求增长，部分农产品库存过多，确保供给总量与结构平衡的难度加大。

二是在资源环境约束趋紧的背景下，农业发展方式粗放的问题日益凸显。资源、环境两道“紧箍咒”越绷越紧，工业“三废”和城市生活垃圾等外源性污染向农业农村扩散，耕地数量减少质量下降、地下水超采、投入品过量使用、农业面源污染问题加重，农产品质量安全风险增多，推动绿色发展和资源永续利用的需求十分迫切。

三是在国内外农产品市场深度融合的背景下，农业竞争力不强的问题日益凸显。我国农业生产成本持续较快上涨，而国际农产品价格持续下跌，国内外农产品价差越来越大，玉米、棉花、糖料等进口规模不断扩大，传统优势农产品出口受阻，“洋货入市、国货入库”的问题突出，呈现出生产量、进口量、库存量“三量齐增”的现象。我国农业大而不强、多而不优的问题更加突出。

四是在经济发展速度放缓、动力转换的背景下，农民持续增收难度加大的问题日益凸显。农产品价格提升空间较为有限，依靠转移就业促进农民收入增长的空间收窄，家

庭经营收入和工资性收入增速放缓，一段时期内大宗农产品价格预计仍将呈下行回稳态势，企业转型阵痛制约农民外出务工劳动力数量增长，产业融合发展、农业农村改革等收入新增长点充分释放尚需时日，加快缩小城乡居民收入差距、确保如期实现农村全面小康十分艰巨。

（二）未来发展思路

当前农业的主要矛盾由总量不足转变为结构性矛盾，突出表现为阶段性供过于求和供给不足并存，矛盾的主要方面在供给侧。下一步，“三农”工作要坚持创新、协调、绿色、开放、共享的新发展理念，把推进农业供给侧结构性改革作为农业农村工作的主线，加快培育农业农村发展新动能。

一是把提高农业供给体系质量和效率作为主攻方向。优化产品结构和品质结构，推进质量兴农，为消费者提供更加优质安全的农产品，满足多层次、高质量、个性化需求；优化产业结构和区域布局，推动资源要素优化重组，产业结构转型升级，农业功能拓展，促进生产向优势区聚集；优化技术结构和经营结构，调整传统技术路径，大力发展节本增效、优质安全、环境友好的新技术新模式，培育新型经营主体，发展适度规模经营。

二是把促进农民增收作为核心目标。通过农业供给侧结构性改革，有效提高农业综合效益，稳定农业经营收入这个农民收入的基本盘。着力发展农村新产业新业态，使其成为农业农村发展新的增长点，成为农民持续较快增收新的动力源。关注农民、依靠农民，让农民有活干、有钱赚。积极推进产业扶贫，让贫困人口同步进入小康。

三是把改革作为根本途径。坚持市场化导向，充分发挥市场这只“看不见的手”的作用，依靠市场手段动员要素、优化配置、提升效率，以市场化倒逼标准化、规模化、品牌化。大力推进体制改革和机制创新，完善农产品价格形成机制，健全农业资源要素合理配置的体制机制，健全以绿色生态为导向的补贴制度体系，提升农业的市场化程度和市场竞争力。

二、当前农村金融服务存在的主要问题和政策建议

近年来，在党中央、国务院的正确领导下，金融部门和相关金融机构通过制度创

新、技术创新和模式创新，持续加大农村金融资源投入，深入推进农村金融服务改革创新，金融服务的覆盖面和便利性不断改善，我国人均持有银行账户数量、银行网点密度等基础金融服务已达到国际中上游水平。同时也应该看到，农村金融仍然是我国金融体系的薄弱环节，特别是对照推进农业供给侧结构性改革这一政策主线的要求，农村金融服务还有较大差距，改革创新的任务仍然艰巨。农村金融供需矛盾，从过去表现出来的“量小价高、覆盖面不足”变得更为复杂，可以概括为以下三个方面。

（一）发展目标不够清晰，补短板聚焦不足

农村金融服务尚未从关注总量增长的“大水漫灌”转向优化结构的“精准滴灌”。农业农村经济已经从传统的农业小农分散生产，逐渐转向农业现代化、新型城镇化等领域，包括农产品加工流通、农机农资生产销售、农业科技研发推广等各个环节，覆盖整个产业链和价值链，一二三产业融合发展。现代农业的资本密集度和产业规模化水平明显上升，已不再仅仅是“小额、短期、分散”的周转式需求，同样需要“长期、大额、集中”的综合化金融服务。近年来金融机构积极进行了多种创新尝试，但总体来看，供给与需求的精准匹配和契合程度还不够，尚未实现“精准滴灌”。

具体表现：一是政府部门和金融机构通常更重视涉农贷款总量和增长速度等指标，对贷款的具体投向、使用效益、结构是否合理等关注不足。在一定程度上造成涉农贷款总量持续多年增长，而需求方的获得感不强，满意度不高。二是银行、证券、保险、期货服务发展不均衡，农村金融综合化服务水平有待提高。现代农业对金融服务的需求，从单一的融资需求，转向农产品定价、风险管理、资本化经营等多种需求并存，针对农产品市场风险管理的金融服务明显不足。三是缺乏量化指标与考核办法，农村金融统计跟不上“三农”发展新形势。随着城镇化的快速发展，“三农”的概念发生了很大变化，农业、农村、农民的概念都有多种理解视角，导致农村金融界定的困难和统计上的诸多问题，也给政策制定的针对性带来了挑战。

（二）支持政策和发展目标之间的激励相容不够

“三农”作为市场机制容易失灵的领域，需要公共政策介入，不断提升金融服务的覆盖面和服务能力，不断完善金融基础设施建设，并逐步从解决金融体系供给侧总量短

缺问题，转向优化结构和提升质量。

目前在政策扶持领域，需要改进的方面，是如何提高金融机构执行政策目标的内生激励。近年来，在中央部署下，财税、金融、监管部门出台了一系列扶持优惠政策，对解决农村金融“成本高、风险大”难题发挥了积极作用。但公共政策措施存在政策预期不确定、程序复杂、部门之间政策缺乏协调等问题，资金投入负担不断增大，但激励效果减弱。例如，部分财税政策易被指违背反补贴规则或有违市场公平；监管政策如有违市场公平，不利于投资者权益保护，存在道德风险。政府部门之间、上下级政府之间也存在监管与发展职能错位的问题。货币政策工具如果过于碎片化，就可能与其总量调控政策的基本属性冲突。事实上，无论是商业性金融机构还是政策性金融机构，都首先需要实现自身的可持续发展，特别是财务可持续，这是基础。如果对金融机构投放涉农贷款比例、存贷比等指标加以硬性约束，但缺乏针对性的激励，效果就可能大打折扣，甚至反而逼迫金融机构最终撤离县域；也很容易出现道德风险，危及金融机构财务健康，长期看并不一定真正利于服务“三农”。

（三）体系建设不够完善，服务实体能力不足

一是金融机构自身能力不足，新常态下经济下行等压力进一步制约了创新能力。不少金融机构的市场化转轨尚未完成，农村信用社等涉农金融机构的现代公司治理机制存在明显缺陷。资本市场在支农方面发挥的融资和风险管理功能都还远远不够。农业保险起步晚、底子薄，保障水平低，保险机构服务能力和管控能力有待进一步提升。

二是对非正规金融机构对普惠金融体系的积极作用重视不够。作为多层次农村金融服务体系的组成部分，小额贷款公司、融资性担保公司、贫困村资金互助社、融资租赁公司、新型合作金融组织等，实际是正规金融机构有效补充，但由于监管规则模糊不清，出于对现有监管体制的迁就，往往还停留在机构属性等无谓争论上，政策支持难以覆盖，加之自身能力建设不足等原因，这类机构往往被简单视为金融风险的来源和隐患，加剧了农村金融竞争性供给的不足。此外，近年来以互联网金融发展为代表的新型数字金融发展较快，也对农村金融发展发挥了积极作用，但也存在良莠不齐、市场秩序混乱问题，需要进一步规范。

三是支撑金融发展的基础设施尚需完善，关键领域改革协调力度需要加大。体现为农村各类产权确认、登记、评估、抵押、流转机制等尚未完全建立，动产抵押等创新严

重缺乏，一些已经行之有效的做法尚未制度化、规范化。

四是农村金融领域存在的监管空白相对更为严重。一些机构借农村金融、普惠金融之名，行影子银行甚至非法金融之实；一些地方和领域的金融秩序及监管亟待加强；金融消费者合法权益的保护力度还不够；等等。

当前和今后一个时期，农村金融改革创新要牢牢把握“金融服务实体经济”的本质要求，坚持市场化发展和政策支持有机结合的基本取向，避免计划经济下过多采取行政手段，以及简单地将农村金融等同于政策性金融的做法。主攻方向是提升供给质量，根本途径是深化改革，加快健全开放包容、适度竞争、鼓励创新、风险可控的农村金融体系，更好地服务农业供给侧结构性改革和新型城镇化建设，最终服务于全面建成小康社会的宏伟目标。

一是继续按照放宽准入、深化改革、健全风险防控机制的原则，促进农村金融适度竞争。通过深化改革，提高农村信用社资本实力、风险管控能力和损失消化吸收能力。推动《非存款类放贷组织条例》出台，按是否吸收公众存款而非是否金融机构的理念，规范监管小贷公司等非存款类放贷组织，对其牌照管理、设立条件、业务经营、法律责任等都作出明确规定。按照适当、分类的原则，推动农村数字金融发展。同时要完善农村金融风险防控和消费者保护机制，推动形成主体健康多元、监管松紧适度、创新竞争有力、风险格局可控的农村金融体系。

二是推进金融机构产品和服务创新，加大对重点领域支持力度。鼓励金融机构结合处于不同经济发展阶段地区的需求，开发适合新型农户创业、消费、家庭理财的微型金融产品和服务，适合规模化农业经营主体的覆盖产业链的融资、风险管理、资本化经营等多种需求的产品和服务，支持金融机构开展适合新型农业经营主体的订单融资和应收账款融资业务。深入推进承包土地的经营权和农民住房财产权抵押贷款试点，探索开展大型农机具、农业生产设施抵押贷款业务。持续推进农业保险扩面、增品、提标，扩大银行与保险公司合作，发展保证保险贷款产品。加大对农业规模经营、绿色农业、农村电商和乡村休闲旅游产业等新产业新业态的支持力度。结合落实《G20数字普惠金融高级原则》和互联网金融专项整治，大力发展规范可持续的农村电子商务平台以及相关金融服务。

三是完善扶持政策体系，推动政策实施方式由选择性向功能性逐渐转型。综合考虑地区差异、金融风险以及健全金融市场等多种因素，优化、细化正向激励措施，根据形势变化完善金融机构支农水平的考核指标体系。逐步改变政策实施方式，减少由政府指定机构、获得专项政策或资金支持、从事专项政府指定业务的选择性做法，增加普适性、功能性、竞争性政策支持，增强金融机构按市场公平竞争规则改善涉农金融服务的内在激励。进一步整合差别化存款准备金率、支农再贷款、涉农贷款增量奖励等扶持政策，加速从“补差补机构”转向“奖优奖业务”。在健全风险阻断机制的前提下，完善财政与金融支农协作模式。

四是加强统计考核，以“‘三农’金融”取代现有“涉农贷款”口径。加快完善“三农”口径和相应的农村金融统计制度，发挥好统计指标的导向作用。通过明确与现代农业、新型城镇化、农民职业化等发展相适应的农业、农村、农民新概念，研究“‘三农’贷款”和“‘三农’金融”的概念和内涵，反映好农业农村经济社会结构的重大变化。重点解决统计范围过宽、缺乏农业生产和经营直接相关的贷款数据等问题。

五是完善农村金融生态环境。通过健全农业保险体系，建设农村各种形式的担保体系，完善农业灾害风险转移分摊机制；深入总结和推广经验，推进农村信用体系建设，完善农村支付体系和工具等金融基础设施建设，更多利用互联网等电子信息平台，向现代农业经营主体提供全方位、网络化的信息服务，帮助其实现有效的资金配置和风险管理。根据形势变化，有针对性地加强农村金融消费者权益保护，坚决打击各种非法集资，落实投资者适当原则，加强金融知识宣传普及，切实保护消费者权益。

跋

《中华人民共和国中国人民银行法》规定，中国人民银行在国务院领导下承担制定和执行货币政策、维护金融稳定、提供金融服务三大职能。作为法律赋予的重要职责之一，中国人民银行金融服务工作是全社会金融服务工作的基础性环节，与制定和执行货币政策、维护金融稳定处于同等重要的地位。

为提高工作透明度，中国人民银行决定，从2006年开始出版发行《中国人民银行金融服务报告》。《中国人民银行金融服务报告》将全面介绍中国人民银行提供的支付结算、反洗钱、国库、征信、货币发行、金融统计、金融法律建设、科技等金融服务，以及有关专题研究成果，希望进一步增进社会各界对中国人民银行金融服务及有关工作的了解、支持和参与。

《中国人民银行金融服务报告》是一个系列报告，由中国人民银行研究局会同办公厅负责《中国人民银行金融服务报告》的总体协调工作，有关司局负责撰写，原则上每年出版四期，每期突出一个主题。敬请广大读者批评指正。